Informatik-Fachberichte 163

Herausgegeben von W. Brauer
im Auftrag der Gesellschaft für Informatik (GI)

Heinrich Müller

Realistische Computergraphik

Algorithmen, Datenstrukturen
und Maschinen

Springer-Verlag
Berlin Heidelberg New York
London Paris Tokyo

Autor

Heinrich Müller
Institut für Betriebs- und Dialogsysteme
Universität Karlsruhe
Postfach 6380, 7500 Karlsruhe

CR Subject Classification (1987): I.3.7, F.2.2

ISBN-13: 978-3-540-18924-4   e-ISBN-13: 978-3-642-73416-8
DOI: 10.1007/ 978-3-642-73416-8

CIP-Titelaufnahme der Deutschen Bibliothek
Müller, Heinrich:
Realistische Computergraphik : Algorithmen, Datenstrukturen u. Maschinen /
Heinrich Müller. – Berlin ; Heidelberg ; New York ; London ; Paris ; Tokyo : Springer, 1988
(Informatik-Fachberichte; 163)
Zugl.: Karlsruhe, Univ., Habil.-Schr.

NE: GT

Druck- und Bindearbeiten: Weihert-Druck GmbH, Darmstadt
2145/3140 – 543210

Vorwort

Die Manipulation und Darstellung räumlicher Szenen ist eines der schwierigsten, damit aber auch herausforderndsten Teilgebiete der graphischen Datenverarbeitung. Dieser Text gibt zum einen einen kompakten Überblick über den heutigen Stand, der durch das Einbeziehen von optischen Effekten in die Szenenmodellierung und die bildliche Darstellung geprägt ist. Zum anderen wird anhand der detaillierten Untersuchung der Erzeugung fotorealistischer Bilder durch das Strahlverfolgungsverfahren die Mächtigkeit der von der algorithmischen Geometrie heute gebotenen Werkzeuge zur Entwicklung effizienter Algorithmen demonstriert. Es wird so eine Verbindung zwischen der anwendungsbezogenen Computergraphik und den Grundlagenuntersuchungen der Algorithmen- und Datenstrukturtheorie hergestellt, die für beide Gebiete gleich fruchtbar und generell wünschenswert ist.

Das Strahlverfolgungsverfahren (Ray Tracing) ist ein als aufwendig geltendes, aber bezüglich Darstellungsqualität sehr leistungsfähiges Verfahren zur Erzeugung realistisch wirkender Rasterbilder aus räumlichen Daten. Sein zentrales geometrisches Problem ist es, für eine Menge von Strahlen in einer Menge geometrischer Szenenobjekte im Raum ein erstes getroffenes Objekt zu bestimmen. In dieser Arbeit werden die Komplexität dieses Problems, etwas verallgemeinert, untersucht und effiziente Datenstrukturen zu seiner Lösung angegeben. Folgende Strategien werden vorgeschlagen und analysiert:

(1) Die Szenenobjekte werden in eine Datenstruktur vorverarbeitet, die dann mit beliebigen Strahlen abgefragt wird. Das ist die klassische Vorgehensweise bei der Bilderzeugung durch Strahlverfolgung.

(2) Die Strahlen werden in eine Datenstruktur vorverarbeitet, die dann mit den Szenenobjekten abgefragt wird. Das ist eine Verallgemeinerung des Tiefenpufferverfahrens zur Sichtbarkeitsberechnung, bei dem die Vorverarbeitung allerdings trivial ist.

(3) Sortiertes Abarbeiten der Objekte bei Mitführen der bisherigen Treffersituation. Das ist eine Verallgemeinerung des Prioritätsverfahrens zur Sichtbarkeitsberechnung.

Für die beiden ersten Vorgehensweisen werden untere und obere Schranken des Anfragezeit-Speicher(Vorverarbeitungszeit)-Tradeoffs für iso-orientierte Rechtecke als Szenenobjekte hergeleitet. Die unteren Schranken basieren auf einem aus dem Modell von Fredman für dynamische Abzählprobleme abgeleiteten Berechnungsmodell. Die Kernaussage ist, daß in diesem Modell ein Anfragezeitaufwand von $O(\text{polylog}\,n)$ bei einem Speicheraufwand von $O(n\,\text{polylog}\,n)$ unmöglich, d.h. die Strahlanfrage relativ aufwendig ist. Die oberen Schranken werden durch Familien von Datenstrukturen erreicht, wobei diejenigen für (2) der unteren Schranke recht nahe kommen. Diese Datenstrukturen ergeben sich durch eine in allgemeiner Form vorgestellte Kompositionstechnik aus Punktlokalisationsstrukturen, Segmentbäumen, Konjugationsbäumen und Bereichsbäumen.

Die Strategie (3) führt auf einen Spacesweep-Algorithmus, der den durch Minimierung der Summe aus Vorverarbeitungs- und Gesamtanfragezeit errechneten Gesamtzeitaufwand der Lösungen nach (1) und (2) erreicht, allerdings bei geringerem Speicherverbrauch. Dieser Algorithmus erreicht seine Leistungsfähigkeit durch gutes Ausnutzen von räumlicher Kohärenz. Für bewegte Szenen und die Erzeugung einer Bildfolge wird ein analoger Algorithmus (Timesweep) zur Ausnutzung der zeitlichen Kohärenz angegeben.

Der relativ hohe prinzipielle Aufwand legt die Untersuchung von Parallelisierungsmöglichkeiten nahe. Dieses führt zu verschiedenen Algorithmen, die am systolischen Berechnungsmodell orientiert sind. Ferner werden relativ einfache Datenstrukturen für sequentiell und vektoriell arbeitende Rechner vorgestellt, deren Worst-Case-Verhalten zwar schlecht ist, die sich aber im praktischen Einsatz gut bewährt haben.

Der vorliegende Text stellt meine von der Fakultät für Informatik der Universität Karlsruhe angenommene Habilitationsschrift dar. Damit läßt sich vielleicht der manchmal etwas kompakte Stil entschuldigen, der wissenschaftlichen Arbeiten oft zu eigen ist. Besonders zu erwähnen ist die große Zahl von Studenten, die im Rahmen von Arbeitsgemeinschaften, Studienarbeiten, Diplomarbeiten und als Hilfsassistenten mit großem Engagement an den mehrjähriger Forschungs- und Entwicklungsarbeiten mitgewirkt haben, in deren Rahmen diese Arbeit entstanden ist. Ferner danke ich den Professoren A. Schmitt, T. Ottmann und K. Mehlhorn für die Zeit, die sie der Begutachtung dieser Arbeit gewidmet haben.

Karlsruhe, Januar 1988   Heinrich Müller

Inhalt

1. Einleitung

Die graphische Datenverarbeitung beschäftigt sich mit der Manipulation und Darstellung geometrischer Daten. Besondere Anforderungen stellen räumliche Daten, da zu deren bildlicher Wiedergabe eine Reduktion in eine zweidimensionale Darstellung erforderlich ist. Die darstellende Geometrie bietet zur Lösung dieses Problems eine Vielzahl von Projektionsverfahren zur zweidimensionalen Darstellung räumlicher Daten an. Die graphische Darstellung setzt sich zusammen aus den signifikanten Kurven des Objekts, etwa Objektkanten und die Objektsilhouette.

Diese Darstellungen können sehr unübersichtlich werden, insbesondere da auch eigentlich verdeckte Linien gezeigt werden. Eine Verbesserung erhält man durch Entfernen der hinten liegenden, verdeckten Teile der Linien. Die Elimination dieser versteckten Linien (engl.: hidden lines) ist eines der klassischen Probleme der graphischen Datenverarbeitung.

Bedingt durch die dramatische Steigerung der Kapazität von Halbleiterspeicherchips bei gleichzeitigem Preisverfall findet in der graphischen Datenverarbeitung neben der oben geschilderten Liniendarstellung die Rasterdarstellung immer stärkere Verbreitung. Bei dieser Methode, die ursprünglich vor allem bei der rechnergestützten Analyse von Photographien angewendet wurde, wird das Bild durch eine Matrix aus zahlreichen Bildpunkten unterschiedlicher Farbe und Intensität dargestellt. Diese Rasterdarstellung eröffnet der generierenden Computergraphik eine neue Dimension, indem sie es ermöglicht, Lichteffekte darzustellen. Lichteffekte bieten eine weitere Möglichkeit, aus einer zweidimensionalen Darstellung auf die räumliche Struktur zurückzuschließen. Die Lage von Glanzlichtern auf Objekten oder der Schattenwurf verstärken den räumlichen Eindruck. Solche optischen Effekte in Darstellungen einzubringen ist Gegenstand der realistischen Computergraphik. Abb. 1.1 zeigt ein Beispiel für ein aus räumlichen Daten generiertes Bild. Die Schachfiguren wurden weitgehend als Rotationskörper durch Angabe ihrer Silhouettenkurve spezifiziert. Für Abb. 1.1 wurden 512x512 Bildpunkte berechnet, wobei pro Bildpunkt einer von etwa 256 Grauwerten dargestellt wird (bei farbiger Darstellung werden die Farben aus ungefähr 16 Millionen möglichen ermittelt).

Anwendungen für Techniken zur Synthese realistischer Bilder gibt es in der rechnergestützten Konstruktion (CAD) des Maschinenbaus und der Architektur. Abb. 1.2 zeigt die Darstellung eines aus Bezierflächen konstruierten Lüfterrades. Realistische Bilder ermöglichen die Beurteilung eines Entwurfs ohne den Bau eines Modells. Entwürfe von Bauprojekten können dreidimensional in die digital erfaßte Landschaft einmontiert und dann von verschiedenen Ansichten in ihrer Wirkung beurteilt werden. In Abb. 1.3 ist ein digitales Geländemodell dargestellt. Eines der ersten Entwurfssysteme, das die Generierung von einfachen beleuchteten Bildern erlaubte, war Movie.BYU [CS81], ein Programmsystem zur Visualisierung der Ergebnisse von Finite-Element-Berechnungen. Inzwischen verfügen alle bedeutenden 3D-CAD-Systeme über eine einfache Shading-Komponente. Movie.BYU, das aufgrund seiner Portabilität einige Verbreitung gefunden hat, wird auch in der Medizin zur dreidimenisonalen Rekonstruktion von Objekten eingesetzt, welche mit einem Computertomographen abgetastet wurden. In Abb. 1.4 ist der Torso eines Menschen dargestellt. Eine weitere Anwendung ist die Darstellung von Molekülstrukturen in der Chemie. Abb. 1.5 zeigt ein rechnergeneriertes Modell eines anorganischen Moleküls.

Neben solchen wissenschaftlichen Anwendungen gibt es das weite Feld der Massenmedien. Hier reicht das Spektrum von Bildern oder kurzen Filmsequenzen zu Werbezwecken bis zu ganzen Kinofilmen, etwa Science-Fiction-Filmen, bei denen der Modellbau überflüssig wird und auch physikalisch utopische Erscheinungen realisiert werden können. Schließlich wird realistische Computergraphik auch künstlerisch betrieben [FU85].

Die Entwicklung in der realistischen Computergraphik ist stark durch experimentelles Arbeiten geprägt. Das ist durch den Zwang begründet, natürliche Erscheinungen aufgrund der auch heute noch beschränkten Rechnerkapazität sparsam zu modellieren. Dabei kann oft nur experimentell geklärt werden, welche Auswirkungen Abstriche am Modell haben. Inzwischen scheint eine gewisse Stabilität erreicht zu sein: der Kompromiß zwischen Qualität (Grad an Realismus) und Aufwand (Rechenzeit, Speicherplatz) ist das Strahlverfolgungsverfahren (Ray Tracing). Dieses sich an die Strahlenoptik der Physik anlehnende Verfahren wurde in der heute angewendeten Form von T. Whitted 1980 in CACM publiziert. Die aktuellen Forschungs- und Entwicklungsaktivitäten gehen nun einerseits in die verbesserte Modellierung der dreidimensionalen Szenen, andererseits in die Entwicklung leistungsfähiger Algorithmen, Datenstrukturen und Maschinen im Rahmen eines gegebenen Bilderzeugungsverfahrens, z.B. der Strahlverfolgung.

Der Schwerpunkt dieser Arbeit liegt im zweiten Bereich. Da es hierzulande nur wenig Fachleute in diesem speziellen Gebiet der graphischen Datenverarbeitung gibt, wird in Kap. 2 eine (sehr) kompakte einführende Darstellung gegeben. Diese versucht jedoch durchaus, den Stand der Entwicklung mit einzuschließen. Sie kann hilfreich sein, wenn es darum geht, eine integrierte Produktionsumgebung für realistische Computergraphik, Bilder wie Filme, bereitzustellen. Ferner zeigt sie, daß der aufgrund der stürmischen Entwicklung sehr heterogene Zustand einer grundlagenorientierten Aufarbeitung aus der Sicht der Informatik benötigt.

Abb. 1.1: Schachbrett. Entwurf: G.W. Bieberich

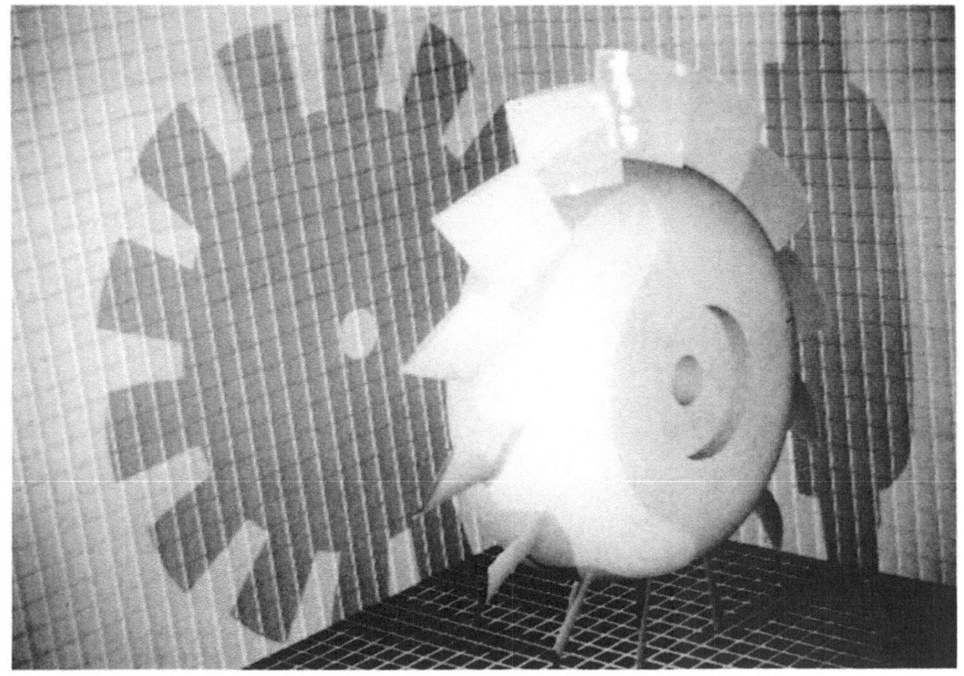

Abb. 1.2: Lüfterrad. Entwurf: Doneit, Bieberich, Schreiner

Abb. 1.3: Digitales Geländemodell. Entwurf: W. Winz

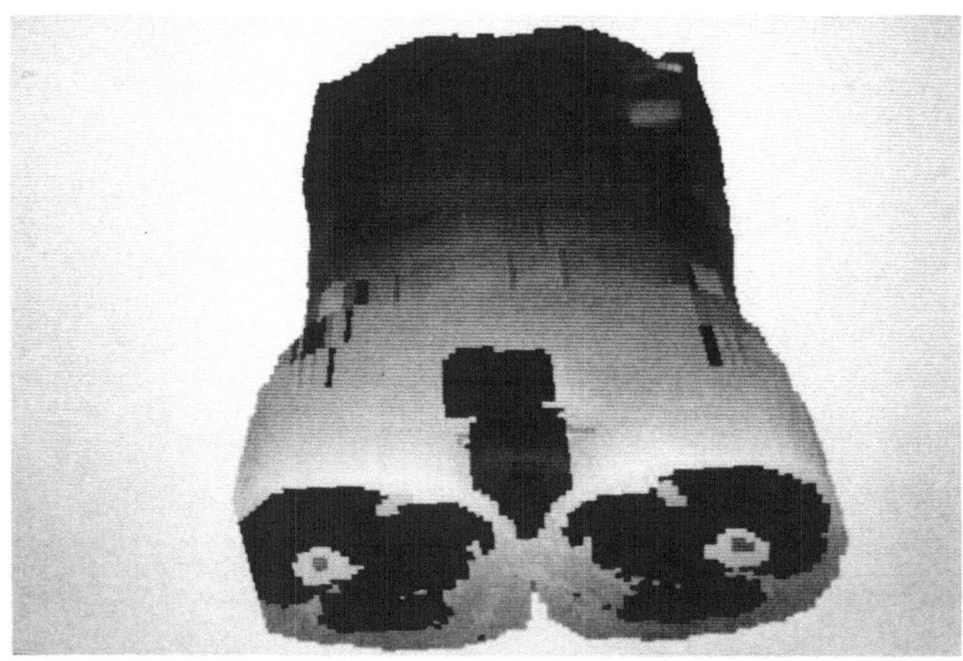

Abb. 1.4: Menschlicher Torso. Entwurf: Ernestus, Verhagen

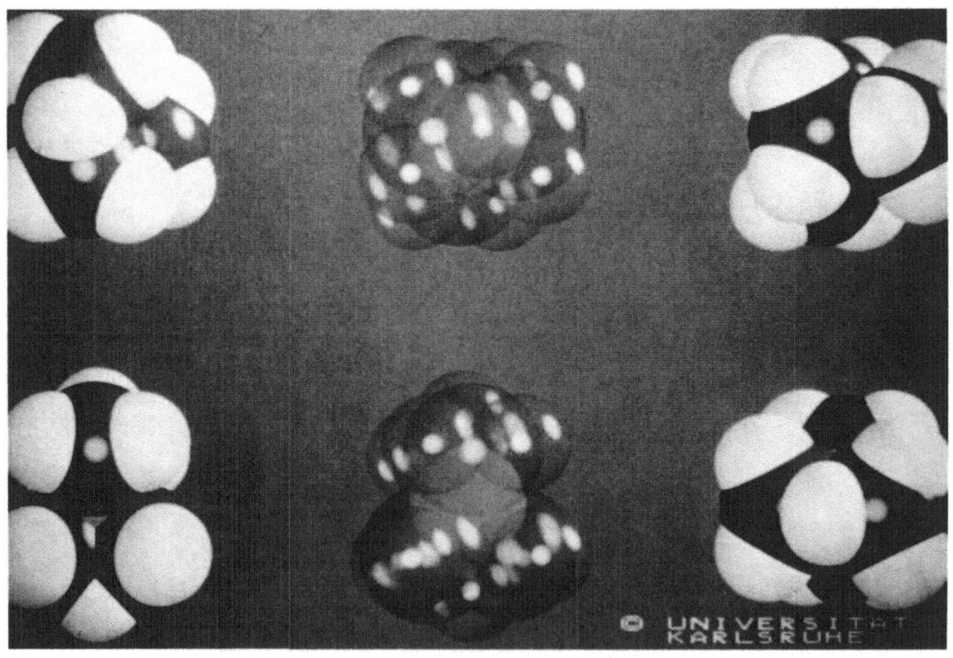

Abb. 1.5: Molekül. Entwurf: Bieberich, Gdanitz

Diese grundlagenorientierte Aufbereitung geschieht in dieser Arbeit für die eigentliche Bilderzeugung, d.h. die Umsetzung einer dreidimensionalen Szene in ein Rasterbild. Beim Strahlverfolgungsverfahren, das zentraler Gegenstand der Untersuchung ist, wird das Verhalten von Lichtstrahlen im Raum simuliert. Wichtigste Aufgabe aus algorithmischer Sicht ist hierbei, für die Strahlen einen jeweils ersten Auftreffpunkt in der Szene zu finden. Bei umfangreichen Szenen wird hierfür die meiste Rechenzeit verbraucht. Eine Methode zur Beschleunigung ist es, die Szene so in eine Datenstruktur vorzuverarbeiten, daß beliebige "Strahlanfragen" effizient zu beantworten sind. Solche Datenstrukturen sind Gegenstand von Kap. 3. In Kap. 3.2 werden die in Implementierungen des Strahlverfolgungsverfahrens für umfangreiche Szenen zu findenden beiden Techniken der Suchraumeinschränkung vorgestellt, die Gittertechnik und die Hüllentechnik. Die Gittertechnik mit der Idee des schnellen Strahlgenerators, die vom Autor unabhängig von einem ähnlichen Verfahren von Fujimoto [FI85] entwickelt wurde, hat sich im praktischen Einsatz gut bewährt. Die gezeigten Bilder sind mit einem in Diplomarbeiten implementierten Strahlverfolgungsalgorithmus basierend auf der Gittertechnik erzeugt.

Die Gittertechnik als auch die Hüllentechnik verbessern den Aufwand im schlechtesten Fall nicht. Gegenstand von Kap. 3.3 sind worst-case-effiziente Datenstrukturen für einen speziellen Szenentyp, nämlich iso-orientierte Rechtecke im Raum. Eine Szene aus Rechtecken heißt iso-orientiert, falls die Rechtecke parallel zueinander liegen und die Kanten der verschiedenen Rechtecke parallel oder orthogonal zueinander sind. Diese Szenen sind durch ihre direkte Beziehung zu den Quaderhüllenszenen von besonderer Bedeutung. Das Umhüllen der Objekte einer Szene durch minimale achsenparallele Quader ist eine in der graphischen Datenverarbeitung häufig angewendete Technik zur Beschleunigung von Schnittberechnungen. Das in Kap. 3.3 diskutierte Anfrageproblem hat folgende allgemeine Form:

H-Schnittabzählproblem

Eingabe: Eine Menge iso-orientierter Rechtecke S im dreidimensionalen Raum, eine Halbgruppe H, eine Anfragegerade g. Jedem Rechteck aus S ist ein Wert aus H zugeordnet.

Ausgabe: Die Summe der H-Werte der von g geschnittenen Rechtecke in S.

Typische Beispiele für Halbgruppen sind $H_1 := (N_0, +)$ und $H_2 := (2^S, \cup)$. Für H_1 bekommt man die Anzahl der von g geschnittenen Rechtecke in S, für H_2 die Menge der von S geschnittenen Rechtecke. Der einem Recheck zugeordnete H-Wert ist im ersten Fall $=1$, im zweiten Fall die einelementige Menge, die nur das Rechteck selbst enthält. Unter der Annahme, daß die Rechtecke senkrecht zur x-Achse stehen, liefert die Antwort für $H_3 := (R, \min)$ die x-Koordinate eines von g geschnittenen Rechtecks mit kleinster x-Koordinate. Der dem Rechteck zugeordnete H-Wert ist dabei seine x-Koordinate. Nimmt man die Gerade als in positive x-Richtung orientiert an, ist diese Koordinate auch die des ersten getroffenen Rechtecks. Weitere Problemversionen und die Reduktion der entsprechenden Strahlprobleme auf Geradenprobleme sind in Kap. 3.1 zu finden.

Die Lösung des H-Schnittabzählproblems und anderer H-Probleme geschieht durch sogenannte Abzählstrukturen. Dieser Typ von Datenstruktur geht auf ein Berechnungsmodell von Fredman [Fr81] zur Herleitung unterer Schranken zurück. Eine Abzählstruktur besteht u.a. aus einer

Menge von Variablen des Typs H, H eine beliebige Halbgruppe. Anschaulich speichert eine solche H-Variable einen Teil der möglichen Lösung. Um die H-Variablen herum ist eine Suchstruktur aufgebaut, die es erlaubt, die zur Beantwortung einer Anfrage benötigten H-Werte schnell zu finden. Die Antwort ergibt sich als Summe dieser H-Variablen.

Abzählstrukturen haben die günstige Eigenschaft, daß sie zur Einschränkung von Datenstrukturen eines zweiten Problems verwendet werden können. Eine typische Einschränkung ist etwa, anstatt des zu einem Anfragepunkt nächsten Punktes in einer gegebenen Punktmenge den nächsten Punkt in der auf eine beliebige Halbebene, z.B. $y \geq 2 * x + 5$, eingeschränkten Punktmenge zu finden. Diese Einschränkungskonstruktion, von der öfters Gebrauch gemacht wird, ist in Kap. 3.3.1 allgemein formuliert.

Aufbauend auf dieser Technik und verschiedenen Datenstrukturen der algorithmischen Geometrie werden Datenstrukturen zur Lösung des H-Schnittabzählproblems angegeben. In Kap. 3.3.1 geschieht das unter der Forderung eines geringen Speicherverbrauchs, worunter generell ein Bedarf von $O(n * \text{polylog}n)$ verstanden wird, n die Größe der gegebenen Szene. "polylog" steht für einen Ausdruck der Form $\log^c$, $c > 0$. Kap. 3.3.2 bringt Datenstrukturen für dieses Problem unter dem Gesichtspunkt einer geringen Anfragezeit, worunter Anfragezeiten der Größenordnung $O(\text{polylog}n)$ verstanden werden. In Kap. 3.3.3 wird basierend auf einem Berechnungsmodell, das sich aus dem von Fredman [Fr81] ergibt, gezeigt, daß beides nicht simultan erreicht werden kann. Für jede Datenstruktur zur Lösung des H-Schnittabzählproblems gilt für die Anfragezeit Q und den Speicherplatz S die Beziehung $Q^3 S = \Omega(n^2)$, n die Anzahl der Rechtecke. Auf der anderen Seite wird durch Verknüpfen der speichereffizienten und der zeiteffizienten Lösungen eine Familie von Datenstrukturen hergeleitet, die einen Anfragezeit-Speicher-Tradeoff von $Q^{\frac{2}{\alpha}} S = O(n^3 \text{polylog}n)$ realisiert, $\alpha = \log \frac{1+\sqrt{5}}{2} < 0.695$. Gegenstand von Kap. 3.3.4 ist die Dynamisierung dieser Datenstrukturen und der Vergleich gegen eine untere Schranke des dynamischen Problems. Kap. 3.3.5 bringt schließlich untere Schranken in der Form von NP-Vollständigkeitsergebnissen für hierarchisch definierte Szenen.

Die oben beschriebenen Untersuchungen wurden auch für das inverse H-Schnittabzählproblem durchgeführt.

Inverses H-Schnittabzählproblem

Eingabe: Eine Menge G von Geraden im dreidimensionalen Raum, ein Anfragerechteck r senkrecht zur x-Achse mit zu den Koordinatenachsen parallelen Kanten, eine Halbgruppe H. Jeder Geraden in G ist ein Wert aus H zugeordnet.

Ausgabe: Die Summe der H-Werte der von r geschnittenen Geraden in G.

Für dieses Problem ist polylogarithmischer Speicher und polylogarithmische Anfragezeit simultan ebenfalls unmöglich. Die untere Schranke für den Anfragezeit-Speicher-Tradeoff ist $Q^3 S = \Omega(m^2)$, m die Anzahl der gegebenen Geraden. Als obere Schranke wird $Q^{\frac{1}{\alpha}} S = O(m^2 \text{polylog}m)$ hergeleitet. Die Resultate sind in Kap. 3.3.6 in tabellarischer Form zusammengestellt.

Die für das inverse Problem gefundenen Lösungen sind günstiger als die für das ursprüngliche.

Eine Konsequenz hiervon ist, zu überlegen, wie die inverse Strategie für die Bilderzeugung durch Strahlverfolgung nutzbar gemacht werden kann. Die Lösung besteht in einer neuen Abarbeitungsstrategie der Strahlen. Anstatt einzelner unabhängiger Strahlanfragen werden die Strahlen nun generationsweise abgearbeitet. Jede Generation von Strahlen wird in eine Datenstruktur für das inverse Problem vorverarbeitet, die dann mit den Szenenobjekten angefragt wird. Diese Vorgehensweise kann als Verallgemeinerung des bekannten Tiefenpufferalgorithmus zur Sichtbarkeitsberechnung verstanden werden. Die generationsweise Strahlverfolgung sowie die Minimierung der Gesamtzeit beim H-Schnittabzählproblem durch Ausgleich zwischen Vorverarbeitungs- und Anfragezeit ist Gegenstand von Kap. 4.1. Als Gesamtzeitaufwand für das H-Schnittabzählproblem ergibt sich $T(n, m) = O(m^{\frac{2}{\alpha+2}} n^{\frac{3\alpha}{\alpha+2}} \text{polylog}(m)\text{polylog}(n))$, sowie $T(n, m) = O(m^{\frac{2\alpha}{1+\alpha}} n^{\frac{1}{1+\alpha}} \text{polylog}(m)\text{polylog}(n))$ für das inverse Problem, wobei Speicher in der gleichen Größenordnung benötigt wird.

Eine unmittelbare Konsequenz der generationsweisen Strahlverfolgung ist es, vollständig von der ”Anfragephilosophie” abzugehen und das Problem als Schnittproblem zwischen einer Strahlenszene und einer Objektszene aufzufassen. Dieses Problem wird in Kap. 4.2 durch Spacesweep gelöst. Der Zeitaufwand entspricht in etwa der oben angegebenen Gesamtzeit zur Lösung des inversen H-Schnittabzählproblems, wobei allerdings nur $O(m \log m + n)$ Speicher benötigt wird. Die gefundene Lösung hat den besten Aufwand unter allen Alternativen der Bilderzeugung durch Strahlverfolgung. Sie kann auch als eine Verallgemeinerung der Prioritätsverfahren zur Sichtbarkeitsberechnung interpretiert werden. Dabei wird Nutzen aus der zumindest bei den Strahlen der ersten Generationen vorhandenen Kohärenz gezogen. Der Algorithmus ist anderen in der Literatur zu findenden kohärenzausnutzenden Verfahren wie Beamtracing [Am84,DK85] vorzuziehen, da er die prinzipielle Einfachheit und Universalität des Strahl/Objektschnittests bewahrt. Insbesondere werden die zu erwartenden numerischen Probleme und Implementierungsschwierigkeiten beim Bündel/Objektschnittest vermieden.

In Kapitel 4.3 wird ein Algorithmus zur Filmerzeugung aus bewegten Szenen durch Strahlverfolgung vorgestellt. Bei Filmen werden etwa 25 Bilder pro Sekunde benötigt, wobei die Änderungen von Bild zu Bild häufig nur gering sind. Von dieser zeitlichen Kohärenz wird Gebrauch gemacht. Bleibt eine Strahlanfrage sowie deren Antwort für l Bilder des Films unverändert, so benötigt dieser Algorithmus nicht mehr als $O(\log l)$ Anfragen, verglichen mit l Anfragen bei direkter Einzelbildberechnung. Der Algorithmus arbeitet zeitsequentiell mit einer beschränkten Vorausschau. Die Vorausschau erhöht die Vorverarbeitungszeit um höchstens den Faktor 2 gegenüber der Einzelbildberechnung und den Speicheraufwand um den Faktor $\log f$, f die Anzahl der zu berechnenden Einzelbilder.

Selbst bei optimalen Algorithmen und Datenstrukturen bleibt ein prinzipiell unvermeidlicher Rechenaufwand, der durch die Größe der zu generierenden Bilder und Eingabeszenen bestimmt ist. Beim Strahlverfolgungsverfahren ist dieser nicht unbedeutend. Zur weiteren Beschleunigung bietet sich die Parallelisierung an. In Kap. 5 wird ein kompakter Überblick über existierende parallele Bilderzeugungsalgorithmen und Maschinen gegeben. Ferner werden neue parallele Algorithmen für das Strahlverfolgungsverfahren vorgestellt. Die zugrundeliegenden Parallelrechnermodelle sind einerseits das Vektorrechnerprinzip, andererseits das systolische Prinzip von Kung. Viele der heutigen Supercomputer wie Cyber 205, Cray und VP100/200 sind Vektorrechner. In Kap. 5.1 wird gezeigt, wie Bilderzeugung durch Strahlverfolgung auf solchen Maschinen effizient möglich ist. Das systolische Konzept, das eine spezielle Ausprägung von Pipelining ist, hat insbesondere wegen seiner guten Implementierbarkeit in VLSI-Strukturen

Interesse gefunden. In Kap. 5.2 werden parallele Strahlverfolgunsalgorithmen für verschiedene Szenentypen (unstrukturierte Mengen, CSG-Szenen und Makrohierarchieszenen) angegeben, die weitgehend systolisch arbeiten. Zur Leistungsfähigkeit dieser Algorithmen ist qualitativ zu bemerken, daß bei Hardwareeinsatz linear in der Größe der Eingabe ein Zeitverhalten linear in der Größe der Ein- oder Ausgabe erreicht wird. Ein Vergleich mit den oben beschriebenen sequentiellen worst-case-Resultaten zeigt, daß das eine Beschleunigung um einen Faktor $O(n^c)$, $0 < c < 1$, c eine Konstante, n die Eingabegröße, bedeutet. Berücksichtigt man dabei die verglichen mit den sequentiellen Algorithmen sehr einfache Struktur der parallelen Lösungen, so erweist sich das Strahlverfolgungsproblem als eine Aufgabe, bei der der Einsatz paralleler Rechnerstrukturen nützlich sein kann.

2. Realistisch wirkende Computergraphik

Ziel der realistischen Computergraphik ist es, räumliche geometrische Szenen durch Simulation von Lichteffekten möglichst wirklichkeitsnah als zweidimensionales Bild oder Film darzustellen. Dazu bedarf es dreier wichtiger Aktivitäten: der Modellierung der räumlichen Szene und deren optischen Eigenschaften, der Umsetzung der Szene in das Bild oder den Film und deren Aufzeichnung, sowie dem Manipulieren (Editieren) der erzeugten Bilder oder Filme. Im folgenden wird beschrieben, wie diese Aufgaben rechnergestützt angegangen werden können.

2.1 Modellieren

2.1.1 Räumliches geometrisches Modellieren

Kern eines Modellierungssystems ist eine Datenbank, die Szenenbeschreibungen enthält. Die drei wesentlichen Wege zum Erstellen einer solchen Datenbank sind die Digitalisierung, der rechnergestützte Entwurf (CAD) und die Übernahme von Fremddaten. Techniken des Digitalisierens sind

- zweidimensionales Abtasten von zweidimensionalen Ansichten oder Schnitten mit einem Datentablett. Dieses Verfahren wird etwa zum Erfassen von Gebäuden über Baupläne, die verschiedene Risse zeigen, angewendet [Ha82].

- dreidimensionales Abtasten eines auf das zu erfassende räumliche Objekt aufgezeichneten oder aufprojezierten Gitternetzes, bestehend aus Drei- oder Vierecken, durch ein dreidimensionales Datentablett oder Roboter. Diese Technik wird für eher kleine Objekte eingesetzt.

- photogrammetrische Erfassung aus zwei oder mehr Photographien, die das zu digitalisierende Objekt aus verschiedenen Blickrichtungen zeigt. Aus den Bildern und den dazugehörenden Projektionsangaben wird das räumliche Objekt zurückgerechnet. Ein wichtiges Beispiel ist das photogrammetrische Erfassen von Gelänten über Flugzeuge und Satelliten [AK80]. Das Resultat ist ein digitales Geländemodell, beschrieben durch eine Matrix aus Höhenwerten.

- zeilenweises Abtasten durch einen räumlichen Laserscanner. Dadurch bekommt man Randkurven von ebenen Schnitten durch das zu erfassende Objekt, aus dem dann die Darstellung durch Oberflächentriangulation zu rekonstruieren ist [Bo85,Bo86].

- räumliches Abtasten durch Computertomographen [HS85]. Dieses liefert ein räumliches Raster aus sogenannten Voxeln (volume elements). Die Voxel tragen eine Materialinformation. Durch diese wird es möglich, die von außen nicht sichtbaren Teile zu erfassen, z.B. das Herz eines Menschen [Nm84].

Neben diesen Verfahren, die spezielle Geräte anwenden, kann die Datenerfassung natürlich auch über die Tastatur durch Eintippen von Koordinaten erfolgen.

Wie schon die Digitalisierungstechniken zeigen, sind die geometrischen Datentypen, die beim Modellieren auftreten, recht vielfältig. Elementare geometrische Datentypen sind

- Polygone, etwa dargestellt durch eine Folge räumlicher Eckpunkte,

- Sweepkörper, die durch Verschieben eines möglicherweise auch ebenen Objekts im Raum entstehen. Ein Spezialfall sind die Rotationskörper.

- analytisch beschriebene Flächen, d.h. Gleichungen der Form $f(x,y,z) = 0$, $f : R^3 \to R$. Beispiele sind die Quadrikenflächen.

- parametrisch beschriebene Flächen, dargestellt durch Funktionen $R^2 \to R^3$. Bedeutung haben hier polynomielle Funktionen erlangt. Beispiele sind Bezier- und B-Splineflächenstücke [BF85, FH85]. Modelliert wird üblicherweise über ein Kontrollpunktnetz und nicht über die Koeffizienten der Polynome, da der Zusammenhang zwischen Koeffizienten und realisierter Fläche recht komplex und unanschaulich ist. Hingegen approximiert oder interpoliert die Fläche das Kontrollpunktnetz, wodurch ein direkter Bezug zwischen Modellierungsparameter und Ergebnis hergestellt ist.

- digitale Geländemodelle wie Voxelszenen. Diese werden auch in komprimierter Form als Oct- bzw. Quadtreemodelle verwendet [Mg82, Sa84, FK85].

Aus diesen einfachen Geometrietypen werden nach folgenden Methoden komplexere zusammengesetzt:

- Aufbau einer Szene als Menge von Einzelobjekten. Die Einzelobjekte liegen in einer normalisierten Darstellung vor. Beim Einfügen in eine Szene muß daher noch eine Transformation angegeben werden, die den Ort und die Größe spezifiziert. Beim interaktiven Modellieren bedarf es der Unterstützung des Benutzers, um komplexe Beziehungen, die zwischen Objekten bestehen, auch zu erfüllen. So sollte eine Vase auf einem Tisch stehen und nicht darüber schweben oder in die Tischplatte eindringen. Solche Probleme können durch sofortige graphische Wiedergabe beim Modellieren vermindert werden. Ein Ansatz, der die Verantwortung mehr zum Rechner hin verlagert, ist, Entwurfsregeln vorzugeben, die beim Modellieren sofort überprüft werden. Zur Realisierung werden logische Programmiersprachen wie PROLOG oder objektorientierte Ansätze vorgeschlagen [GW84,Fr85,WG86]. Letztendlich ist die Unterstützung durch ein Expertensystem wünschenswert [HW83].

- Zusammensetzen von Flächen aus Teilflächen und Unterteilen von Flächen in Teilflächen. Zur Wahrung der topologischen Integrität wurden von Mäntylä die Euler-Operationen entwickelt [MS82,Wi85], bei deren Ausführung Entwurfsregeln bzgl. der Topologie der Fläche überprüft werden. Beim Zusammensetzen und Unterteilen ist ferner das Problem des Übergangs zwischen Flächenstücken zu lösen. Während für glatte Flächen verschiedene Lösungsmöglichkeiten, etwa im Rahmen der Coons-, Bezier- und B-Splinetheorie angeboten werden, ist das Problem für Fractalflächen praktisch ungelöst. Auf Fractalflächen, die zum Modellieren von zerklüfteten Oberflächen [Ma82] dienen, wird unten noch näher eingegangen.

- Zusammensetzen von Körpern durch Mengenoperationen aus Elementarkörpern (CSG = Constructive Solid Geomerty) [Rq80]. Aus Elementarobjekten wie Kugeln, Quadern, Kegeln oder Halbräumen werden durch Anwenden der Mengenoperationen $\cap,\cup,-$ andere Körper aufgebaut. Üblicherweise wird noch normalisiert, indem topologisch nicht dreidimensionale Punkte entfernt werden. Ein Punkt ist dreidimensional, wenn er innerer Punkt ist, d.h. eine ihn umgebende räumliche Kugel existiert, die ganz im Körper liegt, oder wenn er im Abschluß der inneren Punkte liegt.

- Anwendung der Makrotechnik oder Hierarchiebildung [FD82,Cl76]. Objekte werden unter einem Bezeichner zu einer Teilszene zusammengefaßt. Solche Teilszenen können wieder Bestandteil von Teilszenen sein, wobei sie insbesondere mehrmals verwendet werden können. Zum Festlegen des Orts und der Größe von Teilszenen dienen individuelle Transformationen.

Diese Kompositionsmethoden sind auch für den interaktiven Entwurf geeignet. Das Ergebnis kann dann noch Ausgangspunkt für eine Feinmodellierung sein. Feinmodellierung bedeutet etwa die Approximation eines Grobgerüsts durch glatte Polygonflächen oder die lokale Deformation von Flächen [Br84] oder Körpern [Br86].

Das Modellieren über Digitalisieren und Komposition ist recht aufwendig, sowohl was Speicher- als auch Zeitaufwand betrifft. Die Tendenz ist es, für komplexere Objektklassen Simulationsmodelle zu entwickeln. Diese Modelle liegen dann in Form eines Algorithmus bzw. Programms vor. Sie werden auch als prozedurale Modelle bezeichnet. Beim prozeduralen Modellieren steht die volle Leistungsfähigkeit der gewählten Programmiersprache zur Verfügung. Insbesondere wird von den Möglichkeiten des rekursiven Programmierens häufig Gebrauch gemacht. Prozedurale Modelle dienen zur Modellierung zerklüfteter, unregelmäßiger Objekte, für die Mandelbrot [Ma82] den Begriff "Fractal" geprägt hat. Typische Beispiele sind

- Bäume [AK84,Bl85,OP86,Sm84]. Diese Modelle basieren auf Grammatiken, z.B. den L-Systemen von Lindenmayer [Li68] oder Graphgrammatiken [Na79].

- Landschaften [Kj83,Ma82,No82]. Hierfür werden Unterteilungsfractals eingesetzt. Unterteilungsfractals entstehen durch Zerlegung einer gegebenen ebenen Fläche in Teilflächen. Startfläche wie Teilflächen sind Dreiecke oder Vierecke. Die Eckpunkte der Teilflächen werden entsprechend vorgegebener Regeln, aber auch zufällig variiert. Die Teilflächen werden weiter unterteilt und die Unterteilungspunkte wieder variiert. Es besteht sehr viel Ähnlichkeit zu in der Theorie der glatten Freiformflächen auftretenden Problemen, wo auch zwischen Dreiecks- und Vierecksflächen unterschieden wird [BF85]. Eine analoge Theorie der Dreiecks- und Vierecksfractals existiert bisher nicht.

- Feuer [Re83]. Dieses wird durch Partikelsysteme modelliert. Ein Partikelsystem besteht aus mehreren 100 000 selbstleuchtenden kleinen Objekten, z.B. Kugeln, in verschiedenen Farben, die sich nach einem vorgegebenen Gesetz bewegen.

- Ozeanwellen [FR86,Pe86]. Diese werden durch eine Komposition aus Freiformflächen und Partikelsystemen, letztere für die Brandung, modelliert. Dabei werden existierende Modelle des Verhaltens von Waserwellen eingesetzt.

- Wolken. In [Bl82,Ga86] werden Wolken durch mit Textur versehene Quadriken modelliert.

Beim Entwurf großer Szenen werden prozedurale Modelle wie elementare Objekte behandelt. Aufgrund der durch sie beschriebenen großen Datenmenge, wenn man etwa an die Darstellung eines Baums durch Dreiecke denkt, können sie meistens nicht so schnell graphisch dargestellt werden, wie das beim interaktiven Modellieren wünschenswert ist. Deshalb ist es nützlich, wenn die definierende Prozedur neben der Expansion in eine Normaldarstellung, etwa eine Menge von Dreiecken, noch eine schnelle Expansion in eine einfache Approximation erlaubt. Das einfachste Beispiel einer Approximation ist die Quaderhülle des Objekts. die sich aus dessen extremen Koordinaten ergibt. Eine solche Approximation kann auch zur Beschleunigung der Erzeugung des realistisch wirkenden Bildes verwendet werden.

Die bisher beschriebenen Modellierungsmöglichkeiten sind auch auf bewegte Szenen anzuwenden, die für die Filmerzeugung benötigt werden. Grundlage einer bewegten Szene sind meistens ein oder mehrere unbewegte Szenen, in die nach einem der folgenden Verfahren Bewegung gebracht wird:

- Keyframe-Technik. Die bewegte Szene wird in Form von Schnappschüssen zu vorgegebenen Zeitpunkten angegeben. Diese Schnappschüsse sind unbewegte Szenen, die die bewegte Szene an diesem Zeitpunkt eingefroren zeigt. Das dazwischen liegende Geschehen wird interpoliert, indem etwa Parameter der Szenenbeschribung interpoliert werden [SB85]. Damit dieses Verfahren gut funktioniert, müssen die Zeitpunkte auf Schlüsselereignisse der Bewegung gelegt werden.

- Bewegungsfunktionen. Ursprünglich unbewegte Objekte werden durch eine Bewegungsfunktion transformiert. Es gibt zwei Hauptmethoden. Die erste ist, für die Objektparameter eine Funktion über der Zeit vorzugeben. Bei der zweiten wird eine sich zeitlich verändernde Transformation, wie Rotation, Translation oder Skalierung auf das unbewegte Objekt als ganzes angewendet werden.

- Prozedurale Methoden. Die Parameter, über die eine Bewegung gesteuert werden kann, sind die Angabe einer Anfangsposition, einer Zielposition und der Spezifikation von einschränkenden Bedingungen an die Bewegung des Objekts. Eine typische Einschränkung ist die Vermeidung von Kollisionen mit anderen Objekten. Diese Vorgehensweise ist verwandt mit der bei der Bewegungsplanung von Robotern [BS79,LP81].

Zur Modellierung komplexer Bewegungen genügt häufig die Einschränkung auf ein Skelett aus signifikanten Punkten, deren Bewegung festgelegt und dann nach vorgegebenen Regeln auf das Gesamtobjekt übertragen wird. So werden bei der Modellierung menschlicher Bewegung Strichfiguren verwendet [BS79]. Diese ermöglichen es auch, die entworfene Bewegung in Realzeit graphisch zu veranschaulichen und interaktiv zu ändern.

Das Erstellen von räumlichen Modellen ist eine sehr zeit- und geräteaufwendige Angelegenheit. Damit kommt dem Austausch von Daten solcher Modelle große Bedeutung zu. Zur Übernahme von Fremddaten sind geeignete Schnittstellen in Form von Formatangaben nötig. Solche Schnittstellen existieren bereits in Bereichen, wo traditionell mit räumlichen geometrischen Modellen gearbeitet wird, z.B. im Maschinenbau. So sind im Automobilbau verschiedene Formate in Benutzung [SH85]. Es bestehen Standardisierungsbemühungen, die zu Formaten wie IGES [IG81] und DIN 66 301 [DI85] geführt haben. Daneben existieren im CAD- bzw. FE-Bereich (finite Elemente) systemspezifische Formate wie etwa das FEMGEN-Format [FE78] oder das Dateiformat von Movie.BYU [CS81]. Speziell auf Graphikbedürfnisse ausgerichtet ist das 3D-GKS-Metafileformat [EK84]. Diese Formate unterscheiden sich in den angebotenen geometrischen Datentypen und sind weit von einer umfassenden leistungsfähigen Lösung entfernt. Häufig muß von der Möglichkeit Gebrauch gemacht werden, selbstdefinierte Formate einzubringen, wodurch die Norm letztendlich umgangen wird. Das gilt bei der Erzeugung realistisch wirkender Bilder insbesondere für den Optikbestandteil, der Gegenstand des nächsten Abschnitts ist.

2.1.2 Optisches Modellieren

In der Physik gibt es verschiedene Lichtmodelle, z.B. das Strahlenmodell und das Wellenmodell [GK77]. Das Lichtmodell hat zwei Aufgaben zu lösen: die globale Ausbreitung von Licht und das Verhalten von Licht in Materialen und an Materialoberflächen. Zum ersteren Problemkreis gehört die Sichtbarkeitsbestimmung, insbesondere auch bezüglich der Lichtquellen (Schlagschatten). Die Sichtbarkeitsberechnung, die Grundaufgabe jedes Bilderzeugungssystems ist, wird im folgenden Kapitel weiterbehandelt. Das Verhalten von Licht an Materialoberflächen beinhaltet Reflexion, Brechung und Farbe. Zur Modellierung dieser Effekte wurden folgende Vorschläge gemacht:

- Phong-Modell [Ph75]. Das Phong-Modell beschreibt, welche Lichtintensität in Betrachterrichtung V abgestrahlt wird, wenn an dem beobachteten Punkt aus Lichteinfallsrichtung L_i Licht der Intensität I_i einfällt. Die geometrische Situation wird in Abb. 2.1.1 gezeigt. Es geht noch der Normalenvektor N und der Reflexionsvektor R_i zur Lichteinfallsrichtung L_i ein. Die abgestrahlte Intensität setzt sich aus drei Teilen, dem ambienten Anteil, dem diffusen Anteil und dem Glanzanteil zusammen. Die Formeln sehen so aus:

$$I^p_{diff} := c^p * (N * L_i) * I^p_i,$$
$$I^p_{gl} := (R * V)^n * I^p_i,$$
$$I^p_{amb} := c^p * I^p_0, \quad p \in \{\text{rot}, \text{gruen}, \text{blau}\}.$$

Der Diffusanteil folgt dem Lambert-Gesetz der Physik [GK77]. Der Glanzanteil beschreibt die Reflexionskeule des Materials. Das dort auftretende Vektorprodukt ist äquivalent zum Cosinus des Winkels zwischen beiden Vektoren. Das bedeutet, daß bei größerem n die Keule enger wird, der Glanzeffekt also stärker wird.

Das ambiente Licht beschreibt die Grundhelligkeit der Szene. Die drei Anteile ergeben gewichtet die in Betrachterrichtung abgestrahlte Intensität. Die angegebenen Formeln gelten für farbiges Licht im Rot-Grün-Blau (RGB)-Modell. Das RGB-Modell ist eines von zahlreichen Farbmodellen, über die in [FD82] eine Übersicht gegeben wird. Die Wahl des Farbmodells hängt vom Wiedergabegerät ab. Als Norm gilt das C.I.E.-Modell. Es gibt einfache Verfahren zur Umrechnung zwischen diesen und den anderen Modellen. Damit ist es letztendlich irrelevant, welches Farbmodell bei der Bilderzeugung eingesetzt wird.

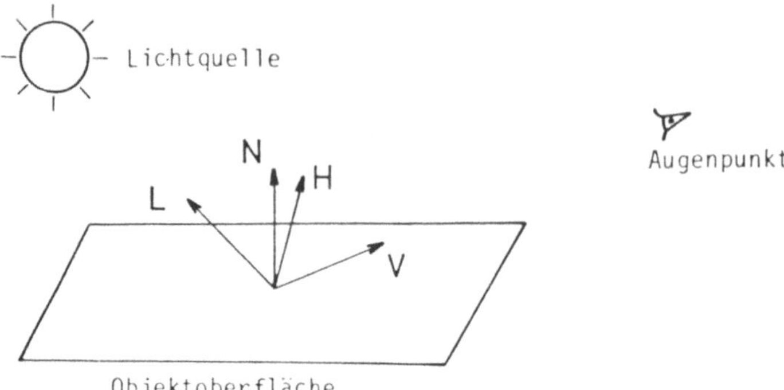

Abb. 2.1.1: Oberflächengeometrie des Phong-Beleuchtungsmodells

Abb. 2.1.2: Kugelszene. Entwurf: A. Schmitt

- Whitted-Modell [Wh80]. Dieses Modell stellt eine leichte Modifikation des Phong-Modells dar. Zusätzlich zu diesem wird neben Primärlicht und ambientem Licht noch das von Spiegeln oder aus dem inneren eines transparenten Körpers einfallende Licht berücksichtigt.

- Cook-Torrance-Modell [CT82]. Bei diesen Modellen wird das Wellenmodell der Physik verwendet. Es erlaubt, Ergebnisse von physikalischen Messungen zu verwenden, um damit Materialien zu simulieren. Ferner können multiple Lichteffekte simuliert werden, d.h. etwa diffus abgestrahltes Licht wird exakter modelliert als das durch den ambienten Anteil der anderen Modelle geschieht.

- Cohen-Greenberg-Modell [CG85,CG86,Go86]. Dieses Modell, das auch als "Radiosity-Approach" bezeichnet wird, ist eine praktischere Version des Cook-Torrance-Modells und konzentriert sich auf die Berücksichtigung diffus abgestrahlten Lichts. Ähnliches wird von Nishita [Ni84] und Kajiya [Kj85] getan.

Beim optischen Modellieren sind nun die Parameter der Beleuchtungsformel so zu wählen, daß der gewünschte Effekt erreicht wird. Eine bekannte Technik ist es, die optischen Parameter von den definierenden geometrischen Parametern einer Fläche abhängig zu machen. Der wichtigste optische Parameter ist die Farbe (c^p beim Phong-Modell). Die Beziehung zwischen Farbe und Geometrie wird durch eine Funktion hergestellt. Diese Funktion stellt ein prozedurales Modell der gewünschten Oberflächenstruktur dar. Eine neuere Entwicklung ist es, die Textur von räumlichen Parametern abhängig zu machen [Pe85, Pl86]. Dadurch wird etwa der Vorgang simuliert, wie aus einem mamorierten Gesteinsblock eine Skulptur modelliert wird.

Zur Modellierung von Oberflächenrauheiten wurde von Blinn [Bl78] die Variation des Normalenvektors eingeführt, der in der Beleuchtungsformel entscheidend für das Reflexionsverhalten ist. Wie der Normalenvektor zu verändern ist, wird üblicherweise prozedural spezifiziert. Der Aufwand hierfür ist geringer als die Modellierung mit geometrischen Fractalflächen, wobei allerdings die Silhouette des Objekts glatt bleibt. Analoges gilt für die sogenannte Phong-Glättung. Dabei geht es darum, eine Polygonnetzapproximation einer letztendlich glatt gewollten Fläche zu glätten. Das geschieht bei der Phong-Glättung dadurch, daß der Normalenvektor stetig über die Polygonnetzfläche interpoliert wird, wobei mittlere Normalenvektoren in den Eckpunkten, ermittelt aus den Normalenvektoren der inzidenten Polygone, als Start dienen.

Neben der prozeduralen Beschreibung von Texturen gibt es noch die digitale Spezifikation. Bei der digitalen Modellierung liegt die Textur in Form einer Matrix, etwa aus Farbwerten für den Farbparameter, oder als Vektorabweichung bei der Normalenvektorperturbation vor. Für eine Koordinate eines Objektpunktes wird das entsprechende Matrixelement über die gegebene Abbildung ermittelt und mit diesem in die Beleuchtungsformel eingegangen [BN76]. Kritisch hierbei ist die fest gegebene Auflösung der Texturmatrix, die etwa das "Zoom-in" in eine Szene nicht erlaubt. Zur Überwindung dieses Problems, das bei bewegter Graphik etwa bei Simulatoren auftritt, werden Texturen in verschiedener Auflösung digital abgelegt. Im Bild wird dann die geeignete Textur gewählt, wobei aber das Problem der Übergänge zwischen den verschiedenen Feinheiten zu lösen ist [Sc83]. Ferner ist die Abbildung einer vorgegebenen Textur auf eine gekrümmte Oberfläche ein komplexes Problem. Der wesentliche Vorteil digitaler Texturen ist es, daß digital etwa über eine Videokamera erfaßte natürliche Texturen (Gras, Steine, etc.) mühelos in ein rechnergeneriertes Bild übernommen werden können.

Die Übersicht zeigt, daß das Modellieren der optischen Eigenschaften einer Szene eine recht komplexe Aufgabe ist. Das gilt um so mehr, als daß ein Material letztendlich nur durch Zusammenwirken aller Parameter vollständig beschrieben wird. Cook [Co84] vereinheitlicht die Materialdefinition durch den sogenannten Shade-Tree.

Die zentrale Aufgabe beim Modellieren des globalen Lichtverhaltens in einer Szene ist die Wahl der Lichtquellen so, daß eine zufriedenstellende Ausleuchtung der Szene erreicht wird. Ferner sind sie so zu placieren, daß über die Lage von Glanzlichtern die Plastizität von Objekten voll zur Wirkung kommt. Lichtquellen sind meistens punktförmig. Ausgedehnte Lichtquellen können durch mehrere punktförmige Lichtquellen modelliert werden, oder es werden komplexere Lichtmodelle eingesetzt. Solche wurden von Nishita [Ni84] untersucht.

2.1.3 Ein Beispiel für eine Szenenbeschreibung

Die Szenen, die den in dieser Arbeit gezeigten Bildern zugrunde liegen, sind in folgender einfachen Szenenbeschreibungssprache spezifiziert:

Dateiformat für realistische Szenen:

<Szenendatei> := <Projektion>{<Lichtquelle>}{<Szene>}

<Szene> := SZENE <Szenenbez.> {<Unterszene> | <Kugel> | <Polygon> |
        <Patches> | <Rotationskörper> |<Attribut> | <Material>}

<Unterszene> := USZ <Szenenbezeichner><Abbildung>

<Abbildung> := MX <3x4-Matrix> | RT <Winkel x,y,z> |
        TR <Richtung x,y,z> | SK <Faktor>

<Kugel> := KG <Mittelpunkt> <Radius>

<Polygon> := <Dreieck> | <Viereck>

<Dreieck> := P3 <Punkt1> <Punkt2> <Punkt3>

<Viereck> := P4 <Punkt1> <Punkt2> <Punkt3> <Punkt4>

<Rotationskörper> := <Achse> <Teilstrecken>

<Achse> := RK <Punkt> P <Punkt>|RK <Punkt> R <Punkt>

<Teilstrecke> := AN <Abstand><Höhe>|GE <Abstand><Höhe>

<Patch> := PA <Punkt1><Punkt2><Punkt3><Normale1><Normale2><Normale3>

<Attribut> := IFB <Material>| AFB <Material>| FB <Material> | IP <Innenpunkt>

<Material> := BEZ <Bez.> <Reflexion> <Eigenleuchten> <Spiegelung> <Brechung>

<Reflexion> := DRF <Farbe>| |WRF <Farbe>

<Eigenleuchten> := EDI <Farbe> | |EWI <Farbe>

<Spiegelung> := SPD <Farbe> | |SPK <cosinus der max. Abweichung>

<Brechung> := BDM <Farbe> | |BKR <reele Zahl>

<Lichtquelle> := {LI <Punkt> <Stärke> <Farbe>}|
                AUGENLICHT <Stärke><Farbe>

<Projektion> := PROJEKTION <Augenpunkt> <Punkt1> <Punkt2> <Punkt3>

Dieses Format schließt die Makrohierarchietechnik mit ein. Eine Szene (SZENE ...) kann unter ihrem Bezeichner als Unterszene (USZ) verwendet werden, deren Lage über eine Abbildung (MX: lineare Abbildung, RT: Rotation, TR: Translation, SK: Skalierung) spezifiziert ist. Das Material wird durch Angabe eines Materialattributs (IFB, AFB, FB) eingestellt und gilt für alle folgenden Objekte bis ein anderes Materialattribut auftritt. Die Beleuchtungsformel geht auf Schmitt [Sc85] zurück und hat die Form

$$I := I_a * R_a + (N * L)(R_s + R_d) * I_l + D_s * I_s + D_b * I_b + I_r,$$

wobei R_a, R_s, R_d der ambiente, spiegelnde und diffuse Reflexionskoeffizient ist. D_s,D_b sind die Spiegel- und Brechungsdämpfung. In diese Koeffizienten gehen die Beleuchtungsgrößen wie DRF (diffuse Reflexion), WRF (winkelabhängige Reflexion), EDI (Eigenleuchten diffus), EWI (Eigenleuchten winkelabhängig), SPD (Spiegeldämpfung), SPK (Spiegelkeule), BDM (Brechdämpfung) und BKR (Brechkraft) ein. Flächen haben zwei Seiten, deren Materialien verschieden sein können (Innenfarbe IFB und Außenfarbe AFB). Körper werden über ihren Rand definiert. Für die Randflächenstücke kann lokal durch den Innenpunkt (IP) festgestellt werden, auf welcher Seite das Innere liegt.

Beispiel Kugelszene, vgl. Abb. 2.1.2

```
BN KUGELSZENE              (* Bildname              *)
Projektion  10.0 2.0 30.0  (* Augenpunkt            *)
-2.0 0.0 -20.0             (* unten-links           *)
18.0 0.0 -20.0            (* unten-rechts          *)
-2.0 18.0 -20.0           (* oben-links            *)


(*  und nun einige Lichtquellen              *)


LI  10.0 25.0 -12.5      500.0        0.2 1.0 0.5
(*     Ueber der Pyramide gruenes Licht         *)
LI  10.0 2.0 30.0        1000.0       1.0 1.0 1.0
(*     Lichtquelle im Augenpunkt,weisses Licht  *)
LI  30.0 30.0 -15.0      1200.0       1.0 0.1 0.1
(*     Lichtquelle rechts seitlich,rotes Licht  *)


   (* jetzt die geometrischen Objekte          *)


FB IDEALERSPIEGEL    (* Innen- und Aussen-Farbe   *)
IP  1.0 1.0 1.0      (* Innenpunkt fuer Polygon   *)
P4  0.0 0.0 30.0  0.0 0.0 -30.0  20.0 0.0 -30.0
20.0 0.0 30.0                    (* Spiegelboden  *)
(* Baue GRAUEN Polygon HINTER den Augenpunkt,damit
sich dieses Polygon im Spiegel spiegelt         *)
AFB GRAUFLAECHE
IP -10.0 0.0 32.0
P4 -10.0 0.0 31.0   30.0 0.0 31.0   30.0 50.0 31.0
-10.0 50.0 31.0
USZ KUGELN
(* Die Szene wird hier ohne explizite Trans-     *)
(* formationsangaben verwendet                   *)
(*---------------------------------------------*)


SZENE KUGELN  (* Definition der obigen Unterszene  *)
(* ------ Kugel-/und Pyramiden-Szene ---------    *)
FB IDEALERSPIEGEL    (* Innen- und Aussen-Farbe    *)
IP 0.0 0.0 0.0                   (* Innenpunkt     *)
```

```
P4 0.0 0.0 -30.0   20.0 0.0 -30.0   20.0 20.0 -30.0
0.0 20.0 -30.0                  (* Spiegel-Rueckwand    *)


KG 10.0 10.0 -20.0 2.0          (* Spiegel-Kugel       *)
IFB SCHWARZ                     (* Innen-Farbe         *)
AFB ROTBRAUN                    (* Aussen-Farbe        *)
KG 5.0 5.0 -20.0 2.0
AFB GOLDPOLIERT          (* Aussen-Farbe definieren *)
KG 5.0 10.0 -20.0 2.0
KG 3.0 2.0 -10.0 2.0
AFB ROTGLUT                     (* neue Aussen-Farbe   *)
KG 10.0 15.0 -20.0 2.0     (* Kugel ROTGLUT       *)
AFB GLASGLATT       IFB GLASINNEN
KG 15.0 15.0 -20.0 2.0     (* Kugel ist GLASGLATT  *)
(* 4 Kugeln :  aussen=GELB , innen=SCHWARZ           *)
AFB GELB            IFB SCHWARZ
KG 15.0 10.0 -20.0 2.0    KG 15.0 5.0 -20.0 2.0
KG 10.0 5.0  -20.0 2.0    KG 5.0 15.0 -20.0 2.0


(* jetzt noch eine PYRAMIDE definieren   ****      *)
IP 10.0 0.0 -12.5
P3  7.0 0.0 -12.5   10.0 0.0 -10.0   10.0 5.0 -12.5
IP 10.0 0.0 -12.0
P3 10.0 0.0 -10.0   13.0 0.0 -12.5   10.0 5.0 -12.5
P3 13.0 0.0 -12.5   10.0 0.0 -15.0   10.0 5.0 -12.5
P3 10.0 0.0 -15.0    7.0 0.0 -12.5   10.0 5.0 -12.5


(* Materialdefinitionen                            *)
BEZ GRAU
DRF 0.5 0.5 0.5  (* diffuse Reflektion              *)
WRF 0.5 0.5 0.5  (* winkelabhaengige Reflektion     *)
EDI 0.0 0.0 0.0  (* Eigenleuchten,diffus            *)
EWI 0.0 0.0 0.0  (* Eigenleuchten,winkelabhaengig   *)
SPD 0.0 0.0 0.0  (* Spiegeldaempfung                *)
SPK 1.0          (* Spiegelkeule                    *)
BKR 1.0          (* Brechkraft                      *)
BDM 0.0 0.0 0.0  (* Brechdaempfung                  *)


BEZ IDEALERSPIEGEL
SPK 1.0              SPD 0.7 0.7 0.7


BEZ SCHWARZ
```

```
BEZ GELB
DRF 0.6 0.5 0.0
SPK 0.8


BEZ GOLDPOLIERT
DRF 0.9 0.3 0.0
SPK 0.95              SPD 1.0 1.0 0.5


BEZ GLASGLATT
DRF 0.05 0.05 0.05
SPK 0.97              SPD 0.3 0.3 0.3
BKR 1.6              BDM 0.9 0.9 0.9


BEZ ROTGLUT
EDI 0.1 0.02 0.0      SPK 0.8
EWI 0.5 0.15 0.0      SPD 0.2 0.2 0.2


BEZ GLASINNEN
SPK 1.0              SPD 0.2 0.2 0.2
BKR 1.0              BDM 1.0 1.0 1.0


BEZ ROTBRAUN
DRF 0.6 0.1 0.1


BEZ GRAUFLAECHE
EDI 0.5 0.5 0.5
```

=============== Ende des Beispiels ===================

2.2 Bilderzeugung

2.2.1 Darstellung realistischer Computergraphik

Darstellungsmedien für realistische Computergraphik sind

- Monitor

- Photographie/Film (optisch, gescannt)

- Magnetaufzeichnung (Video)

- Druckwiedergabe auf Papier (photographisch, Tintenstrahl, Matrixdrucker, Thermotransfer-
  drucker, Drucktechniken)

- Spezialverfahren zur 3D-Wiedergabe wie Rot-Grün-Stereo, Polarisationsstereo (Farbbild),
  vibrierende Spiegel, Holographie.

Bei praktisch allen diesen Darstellungsmöglichkeiten genügt es, das Bild gerastert bereitzustellen. Ein Rasterbild wird beschrieben durch eine Matrix aus Bildpunkten. Die benötigte
bzw. mögliche Anzahl an Bildpunkten ist vom Darstellungsmedium abhängig. Sie liegt zwischen 500x500 Bildpunkten bei Wiedergabe auf einem Monitor bis 4000x4000 und mehr bei
Film- und Druckwiedergabe, abhängig von der Vergrößerung.

Die Pixel haben diskrete Farb- und Intensitätswerte. Als ausreichend erweist sich eine Quan-
tisierung von 256 Graustufen (1 Byte) bzw. 2^{24} Farbwerten beim Farbbild (je ein Byte für
Rot, Grün, Blau im RGB-Modell). Je nach Darstellungsmedium können weniger Farben, dafür
aber eine höhere Auflösung zur Verfügung stehen. Dann werden Ditherverfahren eingesetzt,
die durch unregelmäßige Punktmuster verschiedener Intensität stufenlose Helligkeitsübergänge
simulieren [He82].

Bei Hologrammen definieren Pixel Beugungsmuster, die einen kohärenten Lichtstrahl so beu-
gen, daß durch Interferenz ein räumliches Bild entsteht. Das unterscheidet die Holographie von
praktisch allen oben erwähnten Darstellungsverfahren und erfordert eine völlig andere Vorgehensweise. Realistische computergenerierte Holographie steht erst am Anfang ihrer Entwicklung, da die benötigte Rechenkapazität enorm ist und erst jetzt allmählich in den Bereich
des Machbaren kommt. Die bisher mit Rechnern generierten Hologramme zeigen nur einfache
Liniengraphik [Da80,Em85,PF83]. Um den Rechenaufwand auf das praktisch Machbare zu
beschränken, muß nach Vereinfachungen des Modells gesucht werden, so wie das bei den anderen Darstellungsmethoden geschehen ist.

2.2.2 Bilderzeugung

Das Umsetzen einer realistischen 3D Szene in ein Rasterbild erfolgt durch einen Abtast-prozeß (Scan-Conversion). Vorgegeben sind üblicherweise ein Augenpunkt und eine gerasterte Bildebene. Das entstehende Bild zeigt die gegebene Szene in Zentralprojektion bzgl. des Augen-punktes. Bei der perspektivischen Projektion, die als häufig angewendeten Spezialfall die Parallelprojektion hat, können durch Neigen der Bildebene oder durch Verwenden von nichtebenen Abbildungsflächen, z.B. Zylinder oder Kugel, interessante Effekte erreicht werden. Eine fort-geschrittenere, aber auch aufwendigere Technik ist die Simulation des Abbildungsverhaltens von Kameraobjektiven [PC82].

Zentrale Aufgabe bei der Erzeugung realistisch wirkender Bilder ist die Sichtbarkeitsberechnung. Bei der Liniengraphik drückt sich diese Aufgabe in dem Problem des Entfernens verdeckter Linien aus (Hidden-Line-Problem). Das Hidden-Line-Problem ist inzwischen gut untersucht. Eine Vielzahl von Algorithmen sind zu seiner Lösung bekannt [NS79,Nu85,FD82,Su74,St81]. Bei der Erzeugung realistischer Computergraphik ist man darüber hinaus an den sichtbaren Flächen interessiert (Visible Surface Reporting). Aus verschiedenen Hidden-Line-Algorithmen können ähnlich effiziente Visible-Surface-Algorithmen abgeleitet werden. Hat man nun mit einem Visible-Surface-Algorithmus die vom Augenpunkt aus sichtbaren Flächenteile bestimmt, etwa sichtbare Teilpolygone bei Polygonszenen, dann werden diese auf die Bildebene projiziert und entsprechend deren Rasterung in Pixel zerlegt. Für Polygone kann diese Scan-Conversion etwa durch aus der 2D-Rastergraphik bekannten Füllalgorithmen erfolgen [Pa82]. Der Mittelpunkt jedes Pixels, das in ein Polygon fällt, wird in den entsprechenden Flächenpunkt der 3D-Szene zurückgerechnet. An diesem Flächenpunkt wird dann die Beleuchtungsformel angewendet und die errechnete Intensität dem Pixel zugewiesen.

Die so erhaltenen Bilder zeigen nur einfache Primärlichteffekte, d.h. keine Schatten, Spiegelung und Brechung. Schatten sind durch Anwenden des Visible-Surface-Algorithmus nicht nur vom Augenpunkt aus, sondern auch von den Primärlichtquellen aus wie folgt zu erhalten:

Visible Surface & Shading - Algorithmus

Eingabe: Eine dreidimensionale Szene S aus Polygonen, n Punktlichtquellen l_i, $i = 1,...n$, Oberflächenattribute, z.B. Farbe, ein Augenpunkt a, eine Projektionsebene.

Ausgabe: Ein Rasterbild

Datenstrukturen:

VAR IMAGE: ARRAY $[1..n_x, 1..n_y]$ of colortype;

Unteralgorithmus VS(VisS,HidS,Augenpunkt);
{ berechnet die bzgl. des Augenpunktes nicht von HidS verdeckten Teilflächen von VisS}

Hauptalgorithmus:

BEGIN

```
    IMAGE := Hintergrundfarbe;
    VisS0 := VS(S,S,a)
    FOR P in Vis0 DO
        FOR alle Pixel [i,j] in P DO
            IMAGE[i,j] := w_amb * I_amb;
    FOR k:=1 TO n DO BEGIN
        VisS:=VS(VisS0,S,l_k)
        FOR P in VisS DO
            FOR alle Pixel [i,j] in P DO
                IMAGE[i,j] := IMAGE[i,j] + w_diff * I_diff + w_gl * I_gl;
    END
    {INTENSITY enthält das gewünschte Bild}
```

END.

Problematisch an diesem Algorithmus ist, daß bei komplexen Flächentypen die sichtbaren Teilflächen nicht mehr einfach zu beschreiben und zu berechnen sind. Das folgende Verfahren ist für alle Flächentypen einsetzbar, die die folgenden Voraussetzungen erfüllen:

- diejenigen Pixel sind effizient zu bestimmen, die von der Projektion der gegebenen Fläche überdeckt werden,

- an jedem Pixel kann der Abstand des dem Augenpunkt am nächsten liegenden Flächenpunkts effizient bestimmt werden.

Der Augenpunktabstand wird auch als Tiefe bezeichnet. Für jeden Bildpunkt wird während der Berechnung die bisher geringste Tiefe in einem Tiefenpuffer gespeichert, woraus sich der Name des Algorithmus ergibt.

Tiefenpufferalgorithmus:

Eingabe: Vgl. voriger Algorithmus.

Ausgabe: Die Pixelintesitäten des berechneten Bildes.

Datenstrukturen:

VAR DEPTHBUFFER: ARRAY [1..n_x,1..n_y] of numbertype;
VAR IMAGE: ARRAY [1..n_x,1..n_y] of colortype;

Ablauf: BEGIN

```
    FOR i:=1 TO n_y DO
    FOR j:=1 TO n_x DO BEGIN
        DEPTHBUFFER[i,j]:= ∞;
        IMAGE[i,j]:= eine Hintergrundfarbe
    END;
    FOR alle Flächen P in der Szene S DO
        FOR alle Pixel [i,j] in der Projektion von P DO BEGIN
            bestimme die Tiefe w von P an Pixel [i,j];
            IF w < DEPTHBUFFER[i,j] THEN BEGIN
                DEPTHBUFFER[i,j]:=w;
                IMAGE[i,j]:=IMAGE[i,j] +
```
$$w_{amb} * I_{amb} + w_{diff} * I_{diff} + w_{gl} * I_{gl}$$
```
            END
        END;
    {nun enthält IMAGE das gewünschte Bild}
```

END.

Wegen der beliebigen Abarbeitungsreihenfolge der Objekte wird der ganze Tiefenpuffer im Hauptspeicher benötigt. Eine wichtige Modifikation sind die Scanline-Verfahren, zuerst vorgestellt von Watkins [Su74]. Bei diesen werden die projizierten Flächen zunächst in der Reihenfolge vorsortiert, wie sie beim zeilenweisen Aufbau des Bildes auftreten. Bei der Berechnung aufeinanderfolgender Zeilen werden dann nur die Objekte benötigt, die die aktuelle Zeile (Scanline) schneiden. Es gibt nur noch einen Tiefenpuffer für eine Zeile, nämlich die Scan-Line, für den die momentan aktiven Elemente abgearbeitet werden. Für spezielle Flächen, wie Polygone, kann auf den Tiefenpuffer verzichtet werden, indem über ganze Intervalle (Spans), die durch die Schnittpunkte der Polygonkante mit der Scanline festgelegt sind, die Sichtbarkeit bestimmt wird (Span Coherence). Eine weitere Verbesserung ist, die Vorgeschichte von der vorigen Zeile zu übernehmen und bei Bedarf auf den neuesten Stand zu bringen. Dieses Verfahren ist dann günstig, wenn die Änderung von Zeile zu Zeile gering ist, was häufig der Fall ist.

Von Warnock [Su74] wurde das Bild nicht in Zeilen zerlegt, sondern durch ein reguläres Gitter in flächige Zellen. Für die ankommenden Polygone werden die von ihnen geschnittenen Zellen bestimmt. Wird eine Zelle ganz überdeckt und die Objekte nach steigendem Abstand vom Augenpunkt abgeordnet, so brauchen für diese Zellen alle folgenden Objekte nicht mehr berücksichtigt werden.

Ein Überblick über Möglichkeiten der Kohärenzausnutzung wird in [Cr84] gegeben. Bei der Generierung von Bildfolgen stellt sich die Frage nach zeitlicher Kohärenz. Ein Visible-Surface-Algorithmus, der die zeitlichen Beziehungen zwischen Einzelbildern für polyedrische Szenen ausnutzt, wurde von Hubshman und Zucker [HZ82] vorgestellt.

Die bisher vorgestellten Algorithmen oder optimierte Versionen davon sind heute in der praktischen Produktion von Animationen Standard. Üblicherweise werden sie auf Polygonszenen angesetzt. Sie haben ihre Grenzen bei komplexen Geometrietypen sowie bei Lichteffekten wie Spiegelung und Brechung. Hierfür wird eine weitergehende Simulation des Lichtverhaltens nötig. Ein universeller Ansatz ist "Ray-Tracing", der unmittelbar auf der Strahlenoptik der Physik beruht. Das Strahlverfolgungsverfahren in der heute verwendeten Form wurde zuerst von Whitted [Wh80] publiziert. Seine Universalität besteht darin, daß nur die relativ einfache Grundaufgabe "Schneide einen Strahl mit einer Fläche" effizient zu lösen ist. Für zahlreiche Flächentypen wurden Lösungen dieses Problems angegeben [Br86,Kj83,Kj84,SA84,SB86,To85,Wk84]. Ausgegangen wird bei diesem wie der Tiefenpufferalgorithmus bildorientierten Verfahren von einem Augenpunkt, einer gerasterten Abbildungsfläche und einer darzustellenden Szene, vgl. Abb. 2.2.1. Nun wird vom Augenpunkt aus ein Sehstrahl durch den Mittelpunkt jedes Pixels gezogen. Für einen solchen Strahl wird das erste Objekt in der Szene bestimmt, das getroffen wird. Vom Auftreffpunkt aus sind dann Strahlen zu den verschiedenen Lichtquellen zu ziehen, um zu testen, ob sich ein blockierendes Objekt der Szene auf diesem Weg befindet. Ist das Objekt, auf dem sich der Auftreffpunkt befindet, spiegelnd, so wird ein weiterer Strahl verfolgt, nämlich der Reflexionsstrahl zum Sehstrahl, entsprechend dem Reflexionsgesetz der Physik. Für diesen ist wiederum der erste Auftreffpunkt in der Szene zu bestimmen, mit welchem genauso verfahren wird wie zuvor. Ein weiterer Strahl ist zu verfolgen, wenn ein durchsichtiges Objekt getroffen wird. Insgesamt ergibt sich durch diese Strahlverfolgung eine baumartige Struktur. Die Größe des Baumes hängt davon ab, über wieviele Stufen die Verfolgung stattfindet.

Die Pixelintensität wird durch Aufsummieren der an den verschiedenen Auftreffpunkten wirkenden Lichtintensitäten, die durch die Beleuchtungsformel ermittelt werden, errechnet.

Ray-Tracing-Algorithmus

Eingabe und **Ausgabe** wie beim Algorithmus Visible Surface & Shading.

Datenstrukturen:

VAR IMAGE: ARRAY $[1..n_x,1..n_y]$ of colortype.

Unteralgorithmus SucheSchnittObjekt(p,V,gefunden,p');

    {liefert "gefunden = TRUE", falls der von p in Richtung
    V zeigende Strahl ein Objekt schneidet. p' ist der
    dem Stahlanfang p nächste Schnittpunkt.

"SucheSchnittObjekt" ist objektabhängig und
ist hier nicht weiter ausgeführt}

Unteralgorithmus RayTrace(p,V,I);

{p ist der Anfangspunkt, V die Richtung des verfolgten Strahls.
I ist die für diesen Strahl zu berechnende Lichtintensität }

```
BEGIN
    SucheSchnittObj(p,V,gefunden,p');
    IF gefunden THEN BEGIN
        FOR alle Lichtquellen l_i DO BEGIN
            bestimme die Richtung L_i von p' zu l_i;
            SucheSchnittObj(p',L_i,gefunden,q);
            IF NOT gefunden THEN
                berechne die neue Intensität I aus dem alten I-Wert
                und der von l_i einfallenden Intensität
                durch Auswerten der Beleuchtungsformel
        END;
        IF das Objekt bei p' spiegelnd THEN BEGIN
            bestimme die Reflexionsrichtung R zu V nach dem
            Reflexionsgesetz;
            RayTrace(p',R,I');
            berechne die neue Intensität I aus dem alten I-Wert
            und der Intensität I' (z.B. durch Addition)
        END;
        IF das Objekt bei p' durchsichtig ist THEN BEGIN
            berechne die Brechrichtung B zu V nach dem Brechungsgesetz;
            RayTrace(p',B,I');
            berechne die neue Intensität I aus dem alten I-Wert
            und der Intensität I' (z.B. durch Addition)
        END
    END
END;
```

Hauptalgorithmus:

```
BEGIN

    FOR i:=1 TO n_x DO
        FOR j:=1 TO n_y DO BEGIN
            bestimme die Richtung V des Sehstrahls vom Augenpunkt
            durch den Mittelpunkt von Pixel [i,j];
            RayTrace(a,V,IMAGE[i,j])
        END

END.
```

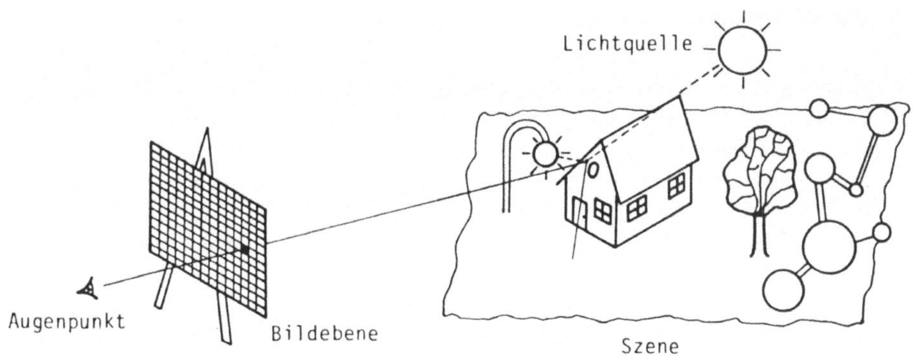

Abb. 2.2.1: Bilderzeugung mit dem Strahlverfolgungsverfahren (Raytracing)

Der angegebene Algorithmus enthält kein Abbruchkriterium. Ein solches kann etwa aus der Intensitätsabnahme des sich ausbreitenden Lichts ermittelt werden. Hierzu wird ein Dämpfungsfaktor verwendet, in den die Länge des Lichtwegs eingeht. Eine andere Möglichkeit ist es, eine maximale Rekursionstiefe vorzugeben. So erweist sich eine Tiefe von 5 praktisch immer als ausreichend.

Bei einfacher Implementierung dieses Verfahrens wird jeder Lichtstrahl für jede Lichtquelle gegen jedes Objekt getestet, was bei größeren Szenen zu nicht mehr realisierbaren Rechenzeiten führt (z.B. 250000 Strahlen x 1000 Objekte x 2 Lichtquellen x 1 ms/Test = 500000 sec = 138 Stunden). Es werden Datenstrukturen benötigt, welche die Anzahl der pro Strahl zu untersuchenden Objekte minimiert. Solche anzugeben ist der Schwerpunkt dieser Arbeit.

2.2.3 Diskretisierungsprobleme

Die Verwendung vieler verschiedener geometrischer Datentypen erfordert einen hohen Implementierungsaufwand. Häufig beschränkt man sich daher auf einige wenige Datentypen und approximiert komplexere durch diese. Ein solcher universeller Datentyp sind die Polygone. Bei beleuchteten Bildern können durch diese Approximation unschöne Artifakte auftreten, wie sie im rechten Teil von Abb. 2.2.2 zu sehen sind. Das Polygonmuster ist dort deutlich zu erkennen. Das liegt daran, daß die nicht stetig differenzierbaren Intensitätsübergänge an den Polygonkanten vom menschlichen Auge verstärkt wahrgenommen werden. Diese Erscheinung wird als Machbandeffekt bezeichnet. Der naheliegende Ausweg, die Approximation zu verfeinern, etwa bis herab auf Pixelgröße, ist durch den dadurch steigenden Rechenaufwand oft nicht möglich. Eine einfachere Vorgehensweise ist, über die Intensitätswerte zu interpolieren, etwa linear von Polygon zu Polygon. Dieses Gouraud-Shading ist jedoch oft nicht in der Lage, den Effekt völlig zu beheben, da die Intensitätsübergänge zwar stetig, aber nicht unbedingt stetig differenzierbar werden. Wie in Abschnitt 2.1.2 bemerkt, wurde von Phong vorgeschlagen, stattdessen die Normalenvektoren zu interpolieren, und anstelle der Polygonnormale diesen interpolierten Normalenvektor zu verwenden. Ein derartiges Verfahren wurde für die linke Seite von Abb. 2.2.2 angewendet. Die Interpolation geschieht dabei so, daß zunächst die Normalenvektoren der mit einem Eckpunkt inzidenten Polygone nach Winkelanteil aufsummiert werden. Die entstehenden Eckenvektoren werden über die zwischen zwei Ecken liegenden Kanten linear interpoliert. Die Vektoren in den Flächen bekommt man beim Scan-Line-Verfahren durch lineare Interpolation über den Scan-Line-Abschnitt zwischen zwei Kanten, die Vektoren an den Schnittpunkten Kante/Scan-Line bekommt man wie beschrieben. Dieses Verfahren liefert meist befriedigende Ergebnisse, löst das Problem aber nicht vollständig, vgl. [Du79]. Ferner ist es durch Intensitätsglättung natürlich nicht möglich, die Kontur der Approximation zu verbessern: Der Hase in Abb. 2.2.2 hat in beiden Bildern dieselbe eckige Silhouette.

Die bisher vorgestellten Verfahren versuchen Defekte allein bei der Intesitätsberechnung zu beheben. Sie sind damit relativ günstig im Rechenaufwand. Aufwendiger ist die Interpolation oder Approximation mit glatten Flächen, wie B-Spline-Flächen.

Eine weitere unangenehme Erscheinung der Rastergraphik ist der Alias-Effekt. Dieser tritt auf, wenn die Szene entsprechend dem Bildraster abgetastet wird, dieses Raster aber zu grob ist. Das Ergebnis ist, daß Objekte falsch "interpretiert" werden, oder gar nicht auftreten, weil sie übersehen werden. So entstehen etwa die der Rastergraphik typischen Treppeneffekte, vgl. Abb. 2.2.3. Ein einfaches Verfahren zur Vermeidung ist "Oversampling". Dabei wird ein Pixel in mehrere Teilpixel unterteilt, etwa 3x3 oder 4x4, für die jeweils die Intensität berechnet wird und anschließend gemittelt wird. Dieser Mittelwert wird dem ursprünglichen Pixel zugewiesen. Das geschieht natürlich nur an den Stellen, wo Aliaseffekte auftreten. Anti-Aliasverfahren arbeiten gut, wenn hinreichend viele Intensitätsstufen zur Verfügung stehen: trotz Mittelung entsteht der Eindruck von scharfen Kanten, wie in den meisten gezeigten Bildern zu sehen ist. Da der Einsatz von Anti-Aliasverfahren entscheidend für die Bildqualität ist, hat die Entwicklung leistungsfähiger, aber dennoch effizienter Methoden hierfür erhebliches Interesse gefunden [Cw77,Cw84,Sc83].

Bei der Erzeugung bewegter Bilder tritt der Aliaseffekt auch zeitlich auf. Dieses ist allerdings weniger kritisch, da er nur bei sich schnell bewegenden Objekten Wirkung zeigt, während die Gefahr des räumlichen Aliaseffekts praktisch immer besteht. Der zeitliche Aliaseffekt kann dadurch behoben werden, daß für sich schnell bewegende Objekte Zwischenbilder berechnet werden, die dann in die Bilder des Films gemittelt werden. Im Einzelbild erscheinen die gemittelten Objekte dann verschwommen. Aufgrund des hohen Aufwands dieses Verfahrens wird nach weniger aufwendigen Lösungen gesucht. Ein Ansatz ist das von Cook et al. [CP84] vorgeschlagene "distributed raytracing".

Abb. 2.2.2: Phong-Glättung

Abb. 2.2.3: Anti-Alias-Behandlung

2.3 Bildmanipulation

In der generierenden Computergraphik findet man Systeme zur Bildmanipulation unter dem Begriff "Painting-System" oder auch "elektronische Palette". Der Funktionsumfang geht allerdings über den von Mikro- und Arbeitsplatzrechnern bekannten hinaus. Insbesondere wird von den Operatoren verlangt, daß sie Rastereffekte vermeiden, d.h. etwa Vektoren und Schriftzeichen gegen den Hintergrund geglättet werden. Das ist bei hoher Farbtiefe durch Intensitätsmittelung gut möglich. Typische Operatoren sind

- Montageoperatoren, d.h. Ausschneiden von Bildteilen interaktiv oder durch automatische Segmentierung, Einpassen und Montieren von Bildteilen, Vergrößern, Verkleinern, Drehen, Verzerren [We80], Schrift. Ferner müssen die Bildteile verwaltet werden.

- Füll- und Schattieroperatoren zum Einfärben von Bildteilen mit einer vorgegebenen Farbe oder Muster. Beim Schattieren werden Helligkeitsstützstellen vorgegeben, die dann interpoliert werden. Dadurch können Lichtabfälle modelliert werden.

- Maloperatoren. Analog zum automatischen Füllen werden Pinsel beliebiger Form und Größe zum Malen von Linien oder Streifen gegebener Farbe, Muster, oder Intensität benötigt [Wh83]. Muster, Farbe, Pinselform sind einer Palette zu entnehmen, die frei definierbar sein sollte. Insbesondere sollten Farben oder Teile eines Bildes in die Palette übernommen werden können.

- Bildverbesserungsoperatoren. Beispiele sind Operatoren zur Kontrastverstärkung, Änderung von Farben und Skalierung von Intensitäten, wie sie auch in der Bildanalyse üblich sind.

- Bildverwaltung. Ein nicht zu vernachlässigender Aspekt ist die Speicherung des Bildmaterials. Je nach Häufigkeit des Zugriffs werden Bilder in Halbleiterspeichern (z.B. Bildwiederholspeicher zur Wiedergabe auf dem Bildschirm), auf Magnetplatten, Magnetbändern oder optischen Platten [Ap86,Ft84] gehalten. Optische Platten sind zur Zeit erst als Read-Only-Medium verfügbar und dienen daher der Dauerarchivierung. Sie verfügen über eine ausreichend hohe Speicherkapazität. Auf den anderen Medien werden Kompressionsverfahren benötigt. Klassische Ansätze zur informationserhaltenden Komprimierung sind Abzählverfahren (Run-Length-Coding), Quadtree-Coding [Pa82] und Verfahren, die Huffmann-Coding [As65] verwenden. Auf mit Informationsreduktion arbeitende Methoden wird in [Cm86] eingegangen.

Eine Übersicht über Anforderungen an Bildmanipulationssysteme sowie deren Realisierung ist in [MT85,SM84] zu finden.

3. Geraden- und Strahlanfragen

3.1 Problemdefinition

Gegeben sei eine Menge aus geometrischen Objekten im dreidimensionalen Raum R^3, im folgenden als räumliche Szene bezeichnet. Diese Objekte kann man sich etwa als Polygone, z.B. Dreiecke oder Vierecke vorstellen. Für beliebige Strahlen oder Geraden sollen Fragestellungen über den Schnitt mit den Objekten der Szene beantwortet werden. Dazu wird vorausgesetzt, daß

- für einen Strahl bzw. eine Gerade algorithmisch festgestellt werden kann, ob sie mit einem Objekt einen nichtleeren Schnitt hat,

- für einen Strahl oder eine gerichtete Gerade ein erster Auftreffpunkt mit dem Objekt bestimmt werden kann.

Typische Fragestellungen sind

Definition 3.1.1

Schnittexistenz

Eingabe: eine räumliche Szene S, eine beliebige Gerade g.
Ausgabe: TRUE gdw. $g \cap S \neq \emptyset$, d.h. irgendein Objekt der Szene S wird von g geschnitten.

Erster Auftreffpunkt

Eingabe: Eine räumliche Szene S, eine beliebige gerichtete Gerade g.
Ausgabe: $B_0 \in S$ mit $\inf\{g \cap B_0\} = \min\{\inf\{g \cap B\} : B \in S\}$.

Schnittpunktaufzählung

Eingabe: Eine räumliche Szene S, eine beliebige Gerade g.
Ausgabe: $\{B \in S : B \cap g \neq \emptyset\}$, d.h. die von g geschnittenen Objekte aus S.

Schnittpunktabzählung

Eingabe: Eine räumliche Szene S, eine beliebige Gerade g.
Ausgabe: $|\{B \in S : B \cap g \neq \emptyset\}|$, d.h. die Anzahl der von g geschnittenen Objekte aus S.

Dieselben vier Probleme können auch für Strahlen formuliert werden. Die Aufgabe ist es, die Eingabemenge so in eine Datenstruktur vorzuverarbeiten, daß beliebige Anfragen effizient zu beantworten sind. Die Effizienz wird in Abhängigkeit der Objektanzahl in der Szene durch folgende Angaben gemessen:

$P(n) :=$ die Zeit zur Erzeugung der Datenstruktur zur Beantwortung der Anfrage für irgendeine Szene aus n Elementen (Vorverarbeitungszeit),

$S(n) :=$ der Speicheraufwand der Datenstruktur für irgendeine Szene aus n Elementen,

$Q(n) :=$ die Zeit zur Beantwortung einer Anfrage für irgendeine Szene aus n Elementen.

Als Berechnungsmodell wird, solange nichts anderes gesagt wird, das Random-Access-Modell vorausgesetzt [Mh84].

In der graphischen Datenverarbeitung werden geometrische Objekte gern durch Hüllen ersetzt. Häufig dienen die achsenparallelen Quader als Hüllen, die sich aus den extremen Koordinatenwerten der Punkte des Objekts ergeben. Diese Hülle wird im folgenden als Quaderhülle bezeichnet. Bei den Geradenanfragen kann eine Gerade mit einem achsenparallelen Quader erheblich schneller auf Schnitt getestet werden als beispielsweise eine polynomielle Fläche 5. Ordnung. Erst wenn sich Quaderhülle und Strahl schneiden, muß das komplexere Objekt verwendet werden. Die folgenden Untersuchungen sind weitgehend auf Szenen beschränkt, die sich aus nicht schneidenden Rechtecken zusammensetzen, deren Kanten parallel zu den Koordinatenachsen sind und deren Normalenvektoren alle in Richtung einer Koordinatenachse, z.B. der x-Achse zeigen. Solche Rechtecke werden im folgenden als iso-orientiert bezeichnet. Die Quaderhüllenszene kann in drei solche Szenen zerlegt werden (Rechtecke senkrecht zur x-, y-, z-Achse), so daß dieser Szenentyp zum Finden einer Näherungslösung für beliebige Szenen geeignet ist.

Für Szenen aus sich nicht schneidenen iso-orientierten Rechtecken kann eine Datenstruktur zur Lösung eines der vier Probleme mit wenig Zusatzaufwand auch zur Lösung der anderen Probleme verwendet werden. Die Tabelle gibt eine Übersicht über den Aufwand, wobei der Aufwand P',S',Q' für ein Spaltenproblem in Abhängigkeit des Aufwands P,S,Q des Zeilenproblems angegeben wird.

Satz 3.1.1.

Die Tabelle ist korrekt, falls keine zwei Rechtecke dieselbe x-Koordinate haben.

	Schnittexistenz	Erster Auftreffpunkt	Aufzählung	Abzählung
Schnittexistenz	-	$Q'(n) = Q(n) + Q(\frac{n}{2}) + Q'(\frac{n}{2})$ $P'(n) = P(n) + O(n) + 2 \cdot P'(\frac{n}{2})$ $S'(n) = S(n) + 2 \cdot S'(\frac{n}{2})$	$Q'(n) = O(I \cdot \log \frac{16 \cdot n}{I}) \cdot Q(n)$ $P'(n) = O(n) + P(n) + 2 \cdot P'(\frac{n}{2})$ $S'(n) = S(n) + 2 \cdot S'(\frac{n}{2})$	wie Aufzählung
Erster Auftreffpunkt	unverändert	-	$Q'(n) = O(I \cdot \log \frac{16 \cdot n}{I}) \cdot Q(n)$ $P'(n) = O(n) + P(n) + 2 \cdot P'(\frac{n}{2})$ $S'(n) = S(n) + 2 \cdot S'(\frac{n}{2})$	wie Aufzählung
Aufzählung	unverändert	unverändert	-	unverändert
Abzählung	unverändert	wie Schnittexistenz $\rightarrow$ Erster Auftreffpunkt	wie Schnittexistenz $\rightarrow$ Aufzählung	-

Tabelle: Reduktion der Schnittprobleme

Beweis: Die erste Spalte ist unmittelbar einsichtig, es ist jeweils nur konstanter Zeitaufwand erforderlich. Das Finden des ersten Auftreffpunkts mit Hilfe des Aufzählungsproblems erfordert, daß bei der Ausgabe der getroffenen Objekte das jeweils bisher nächste gemerkt wird. Der Aufwand hierfür ist proportional zur Anzahl der ausgegebenen Objekte. Damit bleibt der Gesamtaufwand asymptotisch unverändert. Die letzte Spalte ist klar, da das Mitzählen beim Aufzählen asymptotisch keinen Zusatzaufwand erfordert.

Für die anderen Transformationen wird eine einheitliche Strategie angewendet. Diese besteht darin, einen ausgeglichenen Binärbaum von Szenen zu konstruieren. Die Wurzel entspricht der Eingabeszene, die Blätter einer einelementigen Szene. Da die Rechtecke senkrecht zur x-Achse angenommen werden, entspricht jedem Rechteck bei senkrechter Projektion auf die x-Achse genau eine x-Koordinate. Die Teilszenen der Söhne eines beliebigen Knotens bestehen aus den Rechtecken links bzw. rechts des Medians dieser x-Koordinaten, wobei der Median zur kleineren der beiden Seiten bzw. bei gleicher Mächtigkeit willkürlich zu einer Seite hinzugenommen wird. Die Söhne sind angeordnet, d.h. es ist bekannt, welche Szene diejenige aus Rechtecken mit kleinerer x-Koordinate ist. Die Szenen werden nun in die Datenstruktur des Zeilenproblems vorverarbeitet. Das erfordert einen Vorverarbeitungsaufwand von

$$P'(n) = O(n) + P(n) + 2 * P'(n/2),$$

$$P'(1) = O(1).$$

$O(n)$ ist der Aufwand für den Median, $P(n)$ der für den aktuellen Knoten und $2 * P(n/2)$ der für dessen Söhne. Für den Speicheraufwand gilt

$$S' = S(n) + 2 * S'(n/2),$$

$$S'(1) = O(1).$$

Die Lösung dieser Rekurrenzen liefert zumindest

$$P'(n) = O(n \log n + P(n) * \log n),$$

$$S'(n) = O(S(n) * \log n),$$

falls $P(n) \geq 2 * P(\frac{n}{2})$, $S(n) \geq 2 * S(\frac{n}{2})$, kann aber für größere P und S besser werden.

Die Beantwortung einer Anfrage ist von den beteiligten Poblemen abhängig.

Schnittexistenz $\rightarrow$ Erster Auftreffpunkt, Abzählung $\rightarrow$ Erster Auftreffpunkt:

Die Beantwortung einer Anfrage geschieht durch Lösen des Zeilenproblems für die Wurzelszene. Gibt es einen Schnittpunkt, was auch beim Abzählproblem mit nur konstantem Zusatzaufwand festgestellt werden kann, so wird mit der in Geradenrichtung kleineren Unterszene fortgefahren. Gibt es dort einen Schnittpunkt, so wird dieser Teilbaum rekursiv abgearbeitet.

Andernfalls wird der andere Unterbaum auf dieselbe Weise behandelt. Dieses Verfahren liefert die x-Koordinate des ersten Auftreffpunktes. Es benötigt eine Anfragezeit von

$$Q'(n) = Q(n) + Q(n/2) + Q'(n/2), Q'(1) = O(1),$$

also höchstens $Q'(n) = O(Q(n)\log n)$, falls $Q(n)$ monoton steigend in n ist.

Schnittexistenz $\to$ Aufzählung, Erster Auftreffpunkt $\to$ Aufzählung, Abzählung $\to$ Aufzählung:

Nach der ersten Spalte liefert die Lösung von "Abzählung" und "Erster Auftreffpunkt" unmittelbar eine Lösung von "Schnittexistenz". Also genügt es, sich auf diese Zeile zu beschränken. Zur Beantwortung einer Anfrage werden alle Unterbäume durchlaufen, für die ein nichtleerer Schnitt mit der Wurzelszene auftritt. Der Aufwand hierfür ist

$$Q'(n) = O(I * Q(n) * \log(16n/I)).$$

Damit erhält man die x-Koordinaten der getroffenen Rechtecke und, da keine zwei Rechtecke dieselbe x-Koordinate haben, auch die Rechtecke selbst.

Das sieht man dadurch ein, daß der durchlaufene Teilbaum durch Zusammenziehen in einen rein binären Baum umgeformt wird. Dieser hat I Blätter. An diese I Blätter werden Pfade angehängt, so daß die Länge der Pfade von der Wurzel zu den Blättern dieselbe wie im ursprünglichen Baum ist. Der entstehende Baum hat mindestens soviel Knoten wie der ursprüngliche. Er enthält nicht mehr als

$$2I + (\lceil \log n \rceil - \lfloor \log I \rfloor) * I \le I * (4 + \log n - \log I) = I * \log(16n/I)$$

Knoten.

Für die Reduktion des Aufzählproblems auf das des ersten Auftreffpunkts ist es besser, zunächst das erste getroffene Rechteck in der Wurzelszene zu bestimmen und dann mit der Wurzel des maximalen Teilbaums fortzufahren, der das in Anfragerichtung nächste Rechteck enthält.

Die Forderung der ungleichen x-Koordinate kann fallengelassen werden, wenn die Rechtecke mit gleicher x-Koordinate noch in eine Datenstruktur zur Lösung des inversen Rechteckbereichsanfrageproblems vorverarbeitet werden [Ch83]. Diese ermöglicht es, für einen beliebigen Anfragepunkt dasjenige Rechteck, in dem er liegt, mit Speicheraufwand $O(n)$, Vorverarbeitungsaufwand $O(n \log n)$ und $O(\log n)$ Anfragezeit zu finden. Diese Zeiten kommen zu denen in der Tabelle dann noch hinzu.

Für iso-orientierte Rechtecke kann die Lösung eines der vier Probleme für Geraden auch zur Lösung desselben Problems für Strahlen verwendet werden.

Satz 3.1.2

Gegeben sei eine Datenstruktur zur Lösung eines der vier Probleme in Def. 3.1.1 mit Vorverarbeitungsaufwand P, Speicheraufwand S und Anfragezeit Q. Dann gibt es eine Datenstruktur zur Lösung desselben Problems für Strahlen mit

$$P'(n) = O(n) + P(n) + 2 * P'(n/2),$$

$$S'(n) = S(n) + 2 * S'(n/2),$$

$$Q'(n) = 2 \sum_{i=0}^{\lceil \log n \rceil} Q(\frac{n}{2^i}).$$

Beweis: Es wird der Teilszenenbinärbaum aus dem vorigen Beweis verwendet, womit sich der entsprechende Vorverarbeitungs- und Speicheraufwand ergibt. Jedem Knoten entspricht ein Intervall von x-Koordinaten von Rechtecken. Dem Strahl entspricht ein halboffenes Intervall solcher x-Koordinaten. Der Strahl wird mit den Knotenszenen geschnitten, deren Intervalle ganz im Strahlintervall liegen und keine Oberszene mit dieser Eigenschaft haben. Das sind höchstens $2 \log n$ Szenen, je höchstens zwei auf jeder Stufe des Baums. Damit ergibt sich die Aussage über die Anfragezeit.

Der nächste Abschnitt behandelt Datenstrukturen, die für beliebige Szenen einsetzbar sind. In Kap. 3.3 wird nur noch das Geradenabzählproblem für iso-orientierte Rechtecke behandelt. Die obigen Aussagen zeigen, wie diese auf die anderen Problemtypen zu übertragen sind, wobei allerdings in Einzelfällen abhängig von der Datenstruktur des Abzählproblems effizientere Reduktionen möglich sind.

3.2 Gitter- und Hüllenverfahren

Ziel der im folgenden vorgestellten Verfahren ist die Reduktion der durchzuführenden Geraden/Objektschnitte. Es werden zwei Klassen von Verfahren vorgestellt. Bei den Gitterverfahren wird der Raum, in dem sich die Objekte befinden, in regulärer Weise zerlegt und die Objekte den Zerlegungselementen zugeordnet. Das kann als Abtastprozeß aufgefaßt werden. Bei den Hüllenverfahren wird eine hierarchische Raumaufteilung ausgehend von den Objekten der Szene konstruiert. Beim raumorientierten Gitterverfahren besteht die Hoffnung darin, die relevanten Zerlegungselemente für eine Anfragegerade schnell zu finden. Beim objektorientierten Hüllenverfahren ist das Durchlaufen der Hierarchie aufwendiger, andererseits ist die Anzahl der durchlaufenen Zerlegungselemente geringer.

Die in diesem Kapitel vorgestellten Datenstrukturen weisen ein schlechtes Worst-Case-Verhalten aus. Das bedeutet, daß es passieren kann, daß eine Anfragegerade oder ein Anfragestrahl tatsächlich gegen alle Szenenobjekte auf Schnitt getestet wird. Andererseits verhalten sich die Strukturen für große, auch praktisch auftretende Szenenklassen sehr viel günstiger. Ferner sind sie relativ einfach zu implementieren und führen damit zu sehr stabilen Ergebnissen.

Definition 3.2.1 Gitterstrukturen

Gegeben seien n räumliche geometrische Objekte. Die Gitterstruktur besteht aus

- einer Liste von Objektdaten

- einer Menge von (Zellindex,Zellistenverweis)-Paaren

- eine Menge von Zellisten.

Die Menge der (Zellindex,Zellistenverweis)-Paare muß einen effizienten Zugriff über den Zellindex erlauben. Das wird etwa durch Realisierung als ARRAY[I] OF Zellistenverweis erreicht. I ist die Zellindexmenge und ist definiert als

$$I := \{(i, j, k) : 0 \le i \le n_x - 1, 0 \le j \le n_y - 1, 0 \le k \le n_z - 1\}.$$

Die Zellisten können als einfach verkettete Listen organisiert werden.

Definition 3.2.2 Vorverarbeitung der Gitterstruktur

Gegeben sei eine Szene aus n räumlichen geometrischen Objekten. Die Vorverabeitung beginnt mit der Berechnung der Quaderhülle der Szene, die dann äquidistant in x-, y- und z-Richtung in insgesamt $n_x x n_y x n_z$ quaderförmige kongruente Zellen gerastert wird, $n_x, n_y, n_z \in N$. Für jedes Objekt werden die Zellen bestimmt, mit denen es einen nichtleeren Schnitt hat. An deren Zellisten wird ein Verweis auf das Objekt angehängt.

Definition 3.2.3 Anfrage an die Gitterstruktur

Gegeben sei eine Gitterstruktur, vorverarbeitet wie in der vorigen Definition, sowie ein Anfragestrahl. Um einen ersten Auftreffpunkt zu finden, werden zunächst die Koordinaten (a_x, a_y, a_z) des ersten Punktes des Strahls in der Quaderhülle der Szene berechnet. Durch Runden erhält man den Index der ersten Zelle, von dem aus die Indizes der folgenden Zellen inkrementell bestimmt werden. Seien

- (s_x, s_y, s_z) die normalisierte Richtung des Strahls
- (e_x, e_y, e_z) die Länge der Kanten einer Gitterzelle.

Für $s_x, s_y, s_z > 0$ läßt sich die Folge von Indizes mit folgendem Verfahren berechnen, das ähnlich wie die zweidimensionalen Vektorgeneratoralgorithmen zum Zeichnen eines Vektors auf einem Rasterbildschirm arbeitet. Die anderen Fälle sind analog abzuarbeiten.

Strahlgenerator-Algorithmus

```
FOR w ∈ {x, y, z} DO BEGIN
```
$$i_w := \lfloor a_w \rfloor;$$
$$d_w := \frac{(i_w+1)*e_w - a_w}{s_w};$$
$$m_w := \frac{e_w}{s_w}$$
```
END;

WHILE (i_x, i_y, i_z) ≤ (n_x - 1, n_y - 1, n_z - 1) DO BEGIN
    d := MIN{d_x, d_y, d_z};
    FOR w ∈ {x, y, z} DO
        IF d_w = d THEN BEGIN
            i_w := i_w + SIGN(s_w);  d_w := m_w
        END ELSE
            d_w := d_w - d;
    report(i_x, i_y, i_z)
END.
```

Nach der Berechnung eines neuen Index werden die Objekte, auf die die Zellisten verweisen, auf Schnitt mit dem Anfragestrahl getestet. Beim Problem des ersten Auftreffpunkts merkt man sich den jeweils kleinsten Schnittpunkt in Strahlrichtung. Die Suche wird dann abgebrochen, wenn ein Zelleintrittspunkt des Strahls weiter als der bisher kleinste Schnittpunkt entfernt liegt. Beim Aufzählproblem werden alle Zellen durchlaufen und die getroffenen Objekte zurückgegeben.

Raumaufteilung zur Beschleunigung der Strahlverfolgung wurde u.a. auch von Tamminen et al. [TK84], Glassner [Gl84] und Fujimoto et al. [FI85] vorgeschlagen. Die besondere Leistungsfähigkeit des obigen Algorithmus kommt daher, daß die getroffenen Zellen bis auf die Initialisierung allein durch Addition/Subtraktion bestimmt werden. Damit bleibt der Zusatzaufwand gering. Diese Methode des schnellen Strahlgenerators wurde unabhängig auch von Fujimoto [FI85] angewendet.

Der Zweck des Gitters ist, die Anzahl der unnötigen Schnittests zu veringern. Ein Kriterium hierfür sind kurze Zellisten. Kurze Zellisten erhält man dann, wenn das Gitter die Objekte gut trennt, d.h. möglichst wenig Objekte eine gemeinsame Zelle schneiden. Seien P, Q zwei Objekte, $d_0(P, Q) := \inf\{d(p, q) : p \in P, q \in Q\}$. Sei $d_0 := \min\{d_0(P, Q) : P, Q$ verschiedene Objekte$\}$ und $d_0 > 0$. Dann sind alle Objekte durch ein Würfelgitter zu trennen, bei dem Diagonale der Würfelzellen $< d_0$ ist.

Das Trennen von Objekten ist möglicherweise nur durch ein sehr feines Gitter zu leisten. Ein feines Gitter hat aber zwei negative Auswirkungen. Zum einen läuft der Anfragestrahl möglicherweise durch sehr viele leere Zellen, wodurch der Aufwand für den Strahlgenerator nicht mehr zu vernachlässigen ist. Aber auch der Speicheraufwand wächst beträchtlich, sowohl für die Indexstruktur als auch für die Objektverweise in den Zellisten. Letzteres kommt daher, daß die Anzahl der Zellen, die von einem Objekt geschnitten werden, mit erhöhter Feinheit des Gitters wächst.

Der naheliegende Ausweg aus den geschilderten Problemen ist, die Szenenunterteilung an die Objektverteilung angepaßt durchzuführen. Die Standarddatenstruktur, um dieses zu tun, ist der Octtree [Mg82,Sa84]. Die Quaderhülle wird in den drei Koordinatenrichtungen halbiert, was zu 8 kongruenten Quadern führt. Mit diesen wird rekursiv genauso verfahren. Den resultierenden Quadern werden wieder die sie schneidenden Objekte zugewiesen. Eine weitere Unterteilung eines Quaders ist dann auszuführen, wenn die Liste der zugewiesenen Objekte zu lang wird. Nützlich ist es, nicht alle Objekte in die Zellisten der Söhne einzufügen, sondern nur die, die nicht zu viele der acht Unterquader der Söhne schneiden. Dürfen höchstens vier Unterquader geschnitten werden, so füllt ein Objekt nicht mehr als $g^{\frac{2}{3}} = 4^k$ Zellen des durch einen Octtree der Höhe k maximal erzeugten g$=8^k$-zelligen Gitters. Die übrigen Objekte bleiben in der Zelliste des Vaters.

Das Durchlaufen des Octtrees geschieht dadurch, daß die Söhne eines Knotens in der Reihenfolge abgearbeitet werden, wie sie in Strahlrichtung geschnitten werden, und daß ein Sohn völlig abgearbeitet wird, bevor der nächste an die Reihe kommt. Die vom Strahl geschnittenen Söhne werden durch den Strahlgenerator bestimmt, der dazu etwas zu modifizieren ist. Man benötigt jetzt Inkremente für k verschiedene Gitterauflösungen. Ferner muß beim Übergang zu einem Sohn der Strahlgenerator neu initialisiert werden, wobei aber ein einfacher Zusammenhang zu den Zelleintrittswerten der vorigen Stufe besteht. Das häufige Wechseln der Stufen kann vermindert werden, wenn Gitterbäume verwendet werden, bei denen an den Knoten eine stärkere Rasterung als die Achtelung bei den Octtrees durchgeführt wird.

Eine andere Alternative zum Octtree ist der dreifach geschachtelte Binärbaum. Die Objekte werden dazu senkrecht auf die drei Koordinatenachsen projiziert. Über dem Hüllenintervall der x-Achse wird durch sukzessives Halbieren ein ausgeglichener Binärbaum aufgebaut. Jeder Knoten erhält eine Objektliste. Ein Objekt wird in eine Objektliste aufgenommen, wenn das dem Knoten entsprechende Intervall ganz in der Objektprojektion enthalten ist, bzw. bei Blättern, wenn das Objektintervall schneidet. Auf die Objekte in der Liste jedes Knotens wird dasselbe Verfahren bzgl. der y-Projektion angewendet, d.h. an die Knoten wird ein sekundärer Binärbaum angehängt. Für die Objektlisten in diesen Knoten schließlich geschieht dasselbe für die z-Projektion, was zu tertiären Binärbäumen führt. Durch diese Strategie fallen

Objekte, deren Projektionen Intervalle sind, in höchstens $O(k^3)$ Objektlisten eines dreifach geschachtelten Binärbaums der Höhe k. Auf der anderen Seite ist das Durchlaufen der Struktur mit einem Anfragestrahl erheblich aufwendiger als beim einfachen Gitter und beim Octtree, da letztendlich Quader in k^3 verschiedenen Gittern zu durchlaufen sind, verglichen mit höchstens k beim Octtree.

Beim nun folgenden Hüllenverfahren wird die Suchstruktur ausgehend von den Objekten aufgebaut. Dieses durch Roth [Rh82] für die Bilderzeugung aus CSG-Szenen durch Strahlverfolgung angewendete Verfahren wird auch von Guttman [Gu84] etwas abgewandelt als Sekundärspeicherstruktur eingesetzt.

Definition 3.2.4 Binärer Quaderhüllenbaum

Gegeben seien n räumliche Objekte. Der Quaderhüllenbaum ist ein Binärbaum, in dessen inneren Knoten Quader abgespeichert sind. Die Blätter tragen die Objektinformation.

Definition 3.2.5 Vorverarbeitung des Quaderhüllenbaums

Gegeben seien n räumliche Objekte. Von der Objektmenge wird zur Menge Q_0 der Quaderhüllen der Objekte übergegangen. Ausgehend von Q_0 wird eine Folge $Q_1, ..., Q_k$ von Quadermengen konstruiert, wobei $|Q_{i+1}| < |Q_i|$ und $|Q_k| = 1$. Zu jedem Quader in Q_{i+1} gibt es zwei Quader in Q_i, als deren gemeinsame Quaderhülle er sich ergibt, oder er ist auch in Q_i enthalten. Aus dieser Folge ergibt sich unmittelbar der Quaderhüllenbaum. Die Wurzel wird von dem Quader in Q_k gebildet. Die gemeinsame Quaderhülle zweier Quader gehört dem gemeinsamen Vater.

Für das Zusammenfassen von Quadern bietet sich als Clusterabstand die Rechtecksmetrik im R^6,

$$d(R, S) := \sum_{i=1}^{6} |r_i - s_i|, \quad R = (r_1, ..., r_6), \quad S = (s_1, ..., s_6) \in R^6$$

an. Jedem Quader entspricht ein Punkt im R^6, wobei die ersten drei Koordinaten die des lexikographisch kleinsten Eckpunkts, die letzten drei Koordinaten die des lexikographisch größten Eckpunkts des Quaders sind. Dieses Maß bevorzugt Quaderpaare, bei denen die Summe der Länge der sich in den Projektionen nicht überlappenden Kantenteile klein ist. Bei nichtschneidenden Quadern sind die begünstigt, deren gemeinsame Quaderhülle eine kleine Gesamtlänge hat. Als Clusterungsstrategien kommen in Frage:

- SAHN-Clusterung (Sequential Agglomerative Hierarchical Nonoverlapping Clustering). Dieses von Day und Edelsbrunner [DE83] beschriebene Verfahren, übertragen auf das Quaderhüllenproblem, sucht zwei Quader mit bzgl. des Clusterabstands kleinster Entfernung und ersetzt dieses Paar durch seine Quaderhülle. Diese Quaderhülle sowie die nicht verarbeiteten Quader werden nach Q_1 übernommen und das Verfahren iteriert angewendet. Der Zeitaufwand in der Realisierung von [DE83] ist $O(n^2)$ bei $O(n)$ Speicher.

- ausgeglichener k-d-Baum-Clusterung. Die durch die Quader im R^6 induzierte Punktmenge wird durch einen ausgeglichenen k-d-Baum [BF79] zerlegt. Die Knoten erhalten die gemeinsame Quaderhülle der in ihrem Unterbaum gespeicherten Quader zugewiesen. Falls der k-d-Baum nicht binär ist, wird er durch Ersetzen der Knoten höheren Grades durch mehrere Binärknoten in einen solchen umgewandelt.

Definition 3.2.6. Anfrage des Quaderhüllenbaums

Gegeben seien n Objekte, vorverarbeitet in einen Quaderhüllenbaum wie in Def. 3.2.5, sowie ein Anfragestrahl. Schneidet der Anfragestrahl den Quader der Wurzel, so werden zumindest die Söhne, deren Quader den Anfangspunkt enthalten und dann die übrigen entsprechend ihres Schnittpunktabstands vom Augenpunkt des Strahls abgearbeitet. Mit diesen wird rekursiv wie für die Wurzel verfahren. Wird ein Objekt getroffen, wird der Treffer mit dem bisher minimalen verglichen und dieser gegebenenfalls auf den neuen Stand gebracht. Die Suche bricht ab, wenn ein Quaderschnittpunkt hinter dem bisher kleinsten Treffer liegt.

Die Quaderhüllen sind nur ein Beispiel für einen möglichen Hüllentyp. Die Effizienz des Verfahrens hängt stark von der Qualität der Hüllen ab. Eine bessere Annäherung der Objekte kann durch komplexere Hüllentypen [KK86] oder gleichzeitige Verwendung verschiedener Hüllentypen [Gv86] erreicht werden. Ein direkter Vergleich zwischen Hüllenverfahren und Gitterverfahren steht noch aus. Aufgrund der Rechenzeiten in [KK86] ist jedoch zu vermuten, daß das Gitterverfahren das günstigere ist, wenn der benötigte Speicherbedarf erfüllt werden kann.

3.3 Rechteckszenen

3.3.1 Polylogarithmischer Speicherverbrauch

Der Nachteil der im Abschnitt 3.2 vorgestellten Zerlegungen durch reguläre Gitter ist die schlechte Anfragezeit im Worst-Case. Diese hängt damit zusammen, daß viele Objekte in eine gemeinsame Zelle fallen können. Die Abb. 3.3.1 - 3 zeigen verschiedene Zerlegungsgrundmuster für Punktmengen in der Ebene. Eine Zellzerlegung erhält man durch iteriertes Anwenden dieser Grundmuster auf die Teilgebiete. Das Grundmuster in Abb. 3.3.1 liegt dem regulären Gitter zugrunde. Es wird auch beim Quadtree [Sa84] verwendet. Abb. 3.3.2 zeigt das Grundmuster des k-d-Baums, k=2 [BF79]. Die Gebiete werden sukzessive halbiert, d.h. in jedem Teilgebiet liegt in etwa die Hälfte der Punkte des Gesamtgebiets. In Abb. 3.3.3 ist die Zerlegungsstrategie zum Polygon- und Konjugationsbaum dargestellt [Wl82]. Man kann zeigen, daß die Zerlegung so gewählt werden kann, daß jedes Teilgebiet höchstens ein Viertel der Punkte enthält. Wieder wird die Zerlegung in den Teilgebieten rekursiv angewendet.

Die Zerlegungsmuster in Abb. 3.3.1 und 3.3.3 sind für die Geradenanfrage geeignet, da eine Gerade durch höchstens drei der vier Teilgebiete geht. Damit wird der Suchraum eingeschränkt. Der k-d-Baum hat diese Eigenschaft nicht. Allerdings gilt für horizontale und vertikale Geraden, daß höchstens zwei der vier Gebiete geschnitten werden. Der Quadtree scheidet ebenfalls aus, da die drei von einer Gerade geschnittenen Gebiete im schlechtesten Fall alle Punkte enthalten können, z.B. bei diagonaler Anordnung der Punkte. Damit wird keine Suchraumeinschränkung erreicht. Generell kann also gesagt werden, daß eine Zellzerlegung einer gegebenen endlichen Punktmenge so gesucht ist, daß die Summe der Anzahl der Punkte in den von einer Anfragegeraden geschnittenen Zellen klein ist (Suchraumeinschränkung) und die Anzahl der geschnittenen Zellen gering ist (Reduktion des Overheads).

Wir wollen uns zunächst mit dem Halbebenenanfrageproblem beschäftigen und für dieses eine Datenstruktur angeben, die auf den Überlegungen des vorigen Abschnitts aufbaut. Die gewählte Problemversion ist etwas allgemeiner angelegt. Sei H eine kommutative Halbgruppe.

Definition 3.3.1 Halbebenenabzählproblem

Eingabe: $S \subseteq R^2 \mathrm{x} H$, $|S| = n$, eine Halbebene r. Die Menge S besteht also aus n Paaren s, wobei die erste Komponente $p(s)$ ein Punkt in der Ebene und die zweite Komponente $h(s)$ ein Wert in der Halbgruppe H ist.

Ausgabe: $\sum_{s \in S, p(s) \in r} h(s)$.

Für $H = (N_0, +)$ und $h(s) = 1$ für alle $s \in S$ erhält man das Halbebenenabzählproblem. Es werden die Punkte gezählt, die in der Anfrageebene r liegen. $H = (2^{R^2}, \cup)$ und $h(s) := \{p(s)\}$ liefert das Halbebenenaufzählproblem, d.h. es werden die Punkte ausgegeben, die in der Anfragehalbebene r liegen. In analoger Weise wird im folgenden auch die gemeinsame Verall-

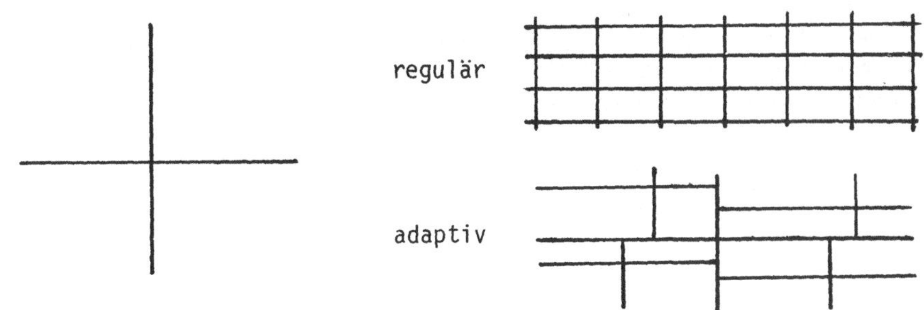

Abb. 3.3.1: Gitterzerlegung

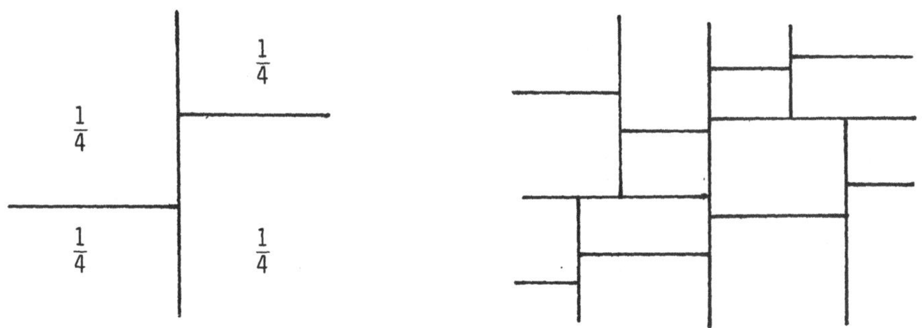

Abb. 3.3.2: k-d Baum-Zerlegung (k=2)

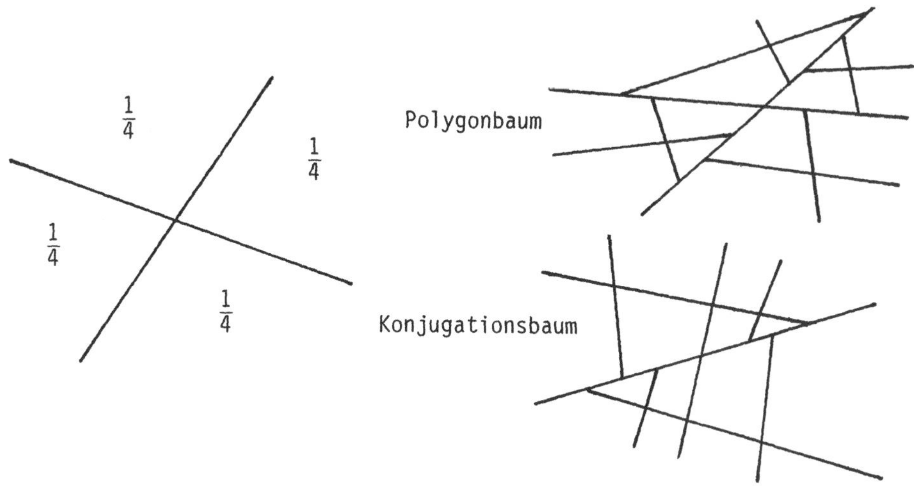

Abb. 3.3.3: Polygonbaum und Konjugationsbaum

gemeinerung des Schnittpunktaufzähl- und Schnittpunktabzählproblems von Def. 3.1.1, das H-Schnittpunktabzählproblem, verwendet. Das Ergebnis einer Geradenanfrage ist die Summe der H-Werte der geschnittenen Objekte.

Sowohl das H-Halbebenenabzählproblem als das H-Schnittpunktabzählproblem sind H-Bereichsanfrageprobleme.

Definition 3.3.2 H-Bereichsanfrageprobleme [Fr81]

Ein H-Bereichsanfrageproblem wird beschrieben durch ein Tupel (X, R, H). Dabei ist X die Trägermenge, $R \subseteq 2^X$ die Menge der Bereiche und H eine kommutative Halbgruppe. Das Bereichsanfrageproblem besteht darin, für eine Menge $S \subseteq X \mathrm{x} H$ und einen Bereich $r \in R$ den Wert von $\sum_{(x,h) \in \{S \cap r x H\}} h$ zu bestimmen.

Zur Lösung von H-Bereichsanfrageproblemen sind solche Datenstrukturen von besonderem Interesse, die unabhängig von H arbeiten, wodurch sie eine ganze Klasse von Problemen lösen.

Definition 3.3.3 H-Abzählstruktur [Fr81]

Eine Datenstruktur für ein H-Bereichsanfrageproblem (X, R, H) heißt Abzählstruktur, falls sie eine Menge V von Variablen des Typs H enthält, so daß sich die Antwort auf eine Anfrage $r \in R$ allein durch Aufsummieren solcher Variablen ergibt, d.h. es gibt eine Teilmenge $V_r \subseteq V$ mit

$$\sum_{(x,h) \in S \cap r x H} h = \sum_{v \in V_r} v.$$

Eine Abzählstruktur kann dazu verwendet werden, eine Datenstruktur zur Lösung eines anderen Problems so zu modifizieren, daß auch eine eingeschränkte Version damit gelöst werden kann. Eine solche Einschränkung ist etwa die Suche nach einem nächsten Nachbarn eines Punktes auf eine Halbebene einzuschränken.

Definition 3.3.4 Zerlegbares Suchproblem [Be79]

Seien T_1, T_2, T_3 Mengen. Ein Suchproblem über T_1, T_2, T_3 ist festgelegt durch eine Funktion $Q : T_1 \mathrm{x} 2^{T_2} \to T_3$. Ein Suchproblem heißt zerlegbar, falls es eine in konstanter Zeit ausführbare Operation $\& : T_3 \mathrm{x} T_3 \to T_3$ gibt, so daß für alle $S \subseteq T_2$, alle Partitionen A, B von S und alle $y \in T_1$ gilt:

$$Q(y, S) = \&(Q(y, A), Q(y, B)).$$

Beispiele für zerlegbare Suchprobleme sind die Bereichsanfrageprobleme. Dabei ist $T_1 = R, T_2 = X \mathrm{x} H$ und $(T_3, \&) = H$.

Definition 3.3.5 Einschränkung

Gegeben sei ein Bereichsanfrageproblem $B = (X, R, H)$ und ein zerlegbares Suchproblem $Z = (T_1, T_2, T_3, Q, \&)$. Die Einschränkung $Z|B$ von Z auf B ist definiert als das Suchproblem $(T_1', T_2', T_3', Q', \&')$ mit

$$T_1' := T_1 \mathrm{x} R,$$

$$T_2' := T_2 \mathrm{x} X,$$

$$T_3' := T_3,$$

$$Q' : T_1' \mathrm{x} 2^{T_2'} \to T_3' \quad \text{mit} \quad Q'((y, r), S') := \&_{s \in A} Q(y, s),$$

$$A := \{s : (s, x) \in S' \wedge x \in r\},$$

$$\&' := \&.$$

Mit dieser Definition gilt nun

Lemma 3.3.1 Aufwand der Einschränkung

Seien Z und B Probleme wie in Def. 3.3.5. Sei D_B eine Abzähldatenstruktur zu B mit Variablenmenge V_B, D_Z eine Datenstruktur für Z. Dann gibt es eine Datenstruktur D zur Lösung von $Z|B$ mit

$$P_D(n) = O(\sum_{v \in V_B} P_{D_Z}(|v|) + P_{D_B}(n)),$$

$$S_D(n) = O(\sum_{v \in V_B} S_{D_Z}(|v|) + S_{D_B}(n)),$$

$$Q_D(n) = O(\max_{r \in R} \sum_{v \in V_{B,r}} Q_{D_Z}(|v|) + Q_{D_B}(n)).$$

Dabei sind P, S, Q der Vorverarbeitungs-, Speicher- bzw. Anfrageaufwand der Indexdatenstrukturen und $V_{B,r}$ die H-Variablen, deren Summe die Antwort für den Anfragebereich liefert. n ist die Größe der vorverarbeiteten Eingabemenge S', $|v| := |\{(s, x) \in S' : x \in h(v)\}|$ für $H := (2^X, \cup)$.

Beweis: Die Datenstruktur D ergibt sich aus D_Z und D_B, indem die H-Variablen in D_B durch eine Datenstruktur D_Z ersetzt werden. Für eine H-Variable v wird D_Z über der Menge

$$S(v) := \{s : (s, x) \in S', x \in h(v)\} \quad \text{fuer} \quad v \in V$$

aufgebaut, wobei die Halbgruppe $(2^X, \cup)$ verwendet wird. Der Vorverarbeitungsaufwand setzt sich zusammen aus dem Aufwand $P_B(n)$ für die Vorverarbeitung von D_B für $S := \{s : (s, x) \in S'\}$ und den Vorverarbeitungsaufwand $P_{D_z}(|v|)$ für die Mengen $S(v)$, $v \in V$. Für den Speicheraufwand gilt das analoge. Die Anfrage für eine Eingabe (y, r) geschieht mit r in D_B. Immer wenn eine H-Variable gefunden wird, die in das Ergebnis eingeht, wird das Problem Z für y auf ihr gelöst und zur bestehenden Lösung mit & hinzugenommen.

Für das H-Halbebenenabzählproblem sind verschiedene Abzählstrukturen bekannt, bei denen die Ebene durch Geraden in Teilgebiete zerlegt wird, wie das zu Beginn dieses Kapitels angesprochen wurde. Die Teilgebiete werden rekursiv weiter zerlegt, bis sie nur noch einen oder keinen Punkt mehr enthalten. Teilgebiete liegen in der Halbebene, werden von deren Begrenzungsgeraden geschnitten oder liegen außerhalb. Jedem Teilgebiet ist eine H-Variable zugeordnet, so daß eine Lösung durch Aufsummieren der H-Variablen zu den maximalen Gebieten in der Anfragehalbebene erhalten wird. Nach dieser Idee arbeiten die Polygonbäume von Willard [Wl82], die Konjugationsbäume von Edelsbrunner und Welzl [EW83] sowie die ϵ-Netze von Haussler und Welzl [HW86]. Die bisher beste Struktur bzgl. Anfrage- unf Vorverarbeitungsaufwand sind die Konjugationsbäume. Zwar ist die Anfragezeit bei ϵ-Netzen etwas besser, jedoch sind nichttriviale Vorverarbeitungsalgorithmen unbekannt.

Aus Gründen der einfacheren Darstellung wird im folgenden angenommen, daß bei allen Datenstrukturen, in denen Konjugationsbäume verwendet werden, die darin organisierten Punkte in allgemeiner Lage sind. Das bedeutet, daß keine drei Punkte kollinear sind. Häufig werden Konjugationsbäume für die Endpunkte der Strecken verwendet, die sich durch senkrechte Projektion von zur x-Achse senkrechten iso-orientierten Rechtecken auf die x-y- bzw. x-z-Ebene ergeben. Eine Menge solcher iso-orientierter Rechtecke heißt in allgemeiner Lage, wenn die Streckenendpunkte in allgemeiner Lage sind. Insbesondere werden dadurch Rechtecke mit gleicher x-Koordinate verboten.

Definition 3.3.6 H-Konjugationsbaum

Sei H eine Halbgruppe, $S \subseteq R^2 \mathrm{x} H$ in allgemeiner Lage. Ein H-Konjugationsbaum über S ist ein ausgeglichener Binärbaum, dessen Knoten folgende Information enthalten:

- eine Trenngerade

- zwei Punkte aus S sowie zwei H-Variablen für deren H-Werte

- eine H-Variable.

Definition 3.3.7 Vorverarbeitung des H-Konjugationsbaum

Gegeben sei $S \subseteq R^2 \mathrm{x} H$. Der Polygonbaum wird durch sukzessive Ham-Sandwich-Aufteilung konstruiert. Gegeben seien zwei Punktmengen A und B in der Ebene. Eine Gerade g definiert eine Ham-Sandwich- Aufteilung von A und B gdw. sowohl A als auch B durch sie halbiert werden, d.h. sind A_1, A_2 bzw. B_1, B_2 die Teilmengen von A und B auf beiden Seiten von g, so gilt $|A_i| \leq |A|/2$, $|B_i| \leq |B|/2$, $i = 1, 2$. Mit dem Algorithmus von Meggido [Me85] kann eine Ham-Sandwich-Zerlegung in $O(n)$ Zeit gefunden werden, $n = |A| + |B|$. Der Speicherbedarf ist $O(n)$. Die von diesem Algorithmus gelieferte Trenngerade hat die Eigenschaft, daß mindestens einer der Punkte in $A \cup B$ auf ihr liegt, und nicht mehr als zwei, da die Punkte in allgemeiner Lage vorausgesetzt werden.

Die Konstruktion des Konjugationsbaums erfolgt durch sukzessives Halbieren der gegebenen Menge S durch Geraden, die jeweils mindestens einen Punkt aus S enthalten. Die erste Gerade g_1 kann über den Median der x-Koordinaten der Punkte in S gefunden werden. g_1 zerlegt S in S_1 und S_2 mit $|S_i| \leq |S|/2$, $i = 1, 2$, und die höchstens zwei Punkte auf g_1. Die nächste Gerade g_2, die zu g_1 konjugiert genannt wird, definiert eine Ham-Sandwich-Zerlegung von S_1 und S_2 in Teilmengen $S_{11}, S_{12}, S_{21}, S_{22}$. Das Verfahren wird nun mit S_{11}, S_{12} bzw. S_{21}, S_{22} anstelle von S_1, S_2 iteriert. Die Wurzel des Konjugationsbaums erhält g_1 als Trenngerade, die ein oder zwei Punkte auf g_1 sowie $\sum_{s \in S} h(s)$ als H-Wert zugewiesen. Analog wird für diese beiden Knoten mit S_1 bzw. S_2 anstelle von S verfahren. Die H-Werte der Wurzel sowie der anderen Knoten werden aus den H-Werten der Punkte der Trenngeraden von den Blättern her berechnet.

Definition 3.3.8 Anfrage des H-Konjugationsbaum

Gegeben sei eine Halbgruppe H, $S \subseteq R^2 \mathrm{x} H$, vorverarbeitet in einen Konjugationsbaum wie in Def. 3.3.7, sowie eine Anfragehalbebene r mit Begrenzungsgerade g. Beginnend mit der Wurzel werden die Knoten rekursiv wie folgt durchlaufen. Die Trenngerade des aktuellen Knotens sowie die gemeinsame Trenngerade seiner Söhne zerlegen die Ebene in vier Gebiete, zwei links der Trenngeraden des aktuellen Knotens und zwei rechts davon. g geht durch beide Gebiete links oder durch beide Gebiete rechts oder stimmt mit einer Trenngeraden überein. Im ersten Fall wird die Suche rekursiv beim linken, im zweiten Fall rekursiv beim rechten Sohn fortgeführt. Ferner geht die Gerade g durch genau ein Gebiet auf der anderen Seite der Trenngeraden des aktuellen Knotens. Diesem Gebiet entspricht ein Enkelknoten des aktuellen Knotens, an dem die Suche ebenfalls rekursiv fortgeführt wird. Der H-Wert des anderen Gebiets auf dieser Seite wird zum vorläufigen Ergebnis addiert, falls das Gebiet in der durch g begrenzten Halbebene r liegt. Ferner wird der H-Wert derjenigen Punkte auf der Trenngeraden zum vorläufigen Ergebnis addiert, die in r liegen. Falls der aktuelle Knoten keinen Enkel hat, wird nur die letzte Operation ausgeführt.

Es bleibt der Fall, daß g mit der Trenngeraden übereinstimmt. Ist es die Trenngerade des aktuellen Knotens, so wird der H-Wert desjenigen Sohns zum vorläufigen Ergebnis addiert, dessen Gebiet in r liegt. Ferner werden die H-Werte der Punkte auf der Trenngeraden addiert. Stimmt die Trenngerade der Söhne mit g überein, werden die H-Werte derjenigen Enkelgebiete zum vorläufigen Ergebnis addiert, deren Gebiet Teilmenge von r ist. Schließlich werden die H-Werte der Punkte auf den Trenngeraden hinzugezählt, die in r liegen. Dann wird die Suche beendet.

Satz 3.3.1 [EW83], [Me85]

Gegeben sei eine Halbgruppe H, $S \subseteq R^2 \mathrm{x} H, |S| = n$. Der H-Konjugationsbaum löst das H-Halbebenenabzählproblem mit

$$P(n) = O(n \log n),$$
$$S(n) = O(n),$$
$$Q(n) = O(n^\alpha),$$

wobei $\alpha = \log \frac{1+\sqrt{5}}{2} < 0.695$.

Beweis: P,S und Q genügen den folgenden Rekurrenzbeziehungen:

$$P(n) = O(n) + 2 * P(\frac{n}{2}),$$
$$P(1) = O(1),$$

$$S(n) = O(1) + 2 * S(\frac{n}{2}),$$
$$S(1) = O(1),$$

$$Q(n) \leq O(1) + Q(\frac{n}{2}) + Q(\frac{n}{4}),$$
$$Q(1) = O(1).$$

Die Lösung der Rekurrenzen ergibt die Behauptung von Satz 1.

Ersetzt man die H-Variablen durch ihre Werte für die Halbgruppe $H = (2^S, \cup)$, so erhält man eine Datenstruktur zur Lösung des Halbebenenaufzählproblems mit

$$P(n) = O(n \log n)$$
$$S(n) = O(n \log n)$$
$$Q(n) = O(n^\alpha + I), \alpha = \log \frac{1+\sqrt{5}}{2}.$$

Für dieses Problem wurde von Chazelle et al. in [CG83] eine bessere Lösung angegeben. Der Aufwand der angewendeten "Zwiebelschalentechnik" ist jedoch so eng an die Größe I der Ausgabe gebunden, daß diese für das Abzählproblem nicht zu eliminieren ist. Es gilt

Satz 3.3.2 [CG83]

Gegeben sei $S \subseteq R^2, |S| = n$. Es gibt eine Lösung des Halbebenenaufzählproblems für S mit

$$P(n) = O(n \log n),$$

$$S(n) = O(n),$$

$$Q(n) = O(\log n + I).$$

I ist die Anzahl der Punkte in der Anfragehalbebene.

Mit diesen Vorarbeiten kann nun eine Datenstruktur zur Lösung des H-Schnittabzählproblems für Geraden auf iso-orientierten Rechtecken angegeben werden.

Satz 3.3.3 H-Schnittabzählproblem

Sei S eine Menge zur x-Achse senkrechter iso-orientierter Rechtecke, die mit einem Wert aus einer Halbgruppe H versehen sind, $|S| = n$. Es gibt eine Datenstruktur zur Lösung des H-Schnittabzählproblems für Geraden auf S mit

$$P(n) = O(n \log^4 n),$$

$$S(n) = O(n \log^3 n),$$

$$Q(n) = O(n^\alpha \log^3 n), \quad \alpha = \log \frac{1 + \sqrt{5}}{2}.$$

Beweis: Seien $(x_0, y_0, z_0), (x_1, y_1, z_1)$ die Eckpunkte mit lexikographisch kleinster bzw. lexikographisch größter Koordinate eines Rechtecks aus S, d.h. $x_0 = x_1$. Eine Anfragegerade ist gegeben durch zwei Gleichungen $z = ax + b, y = cx + d$, alle anderen Fälle sind einfach zu erledigen. Die Gerade schneidet das Rechteck gdw.

$$z_0 \leq ax_0 + b, z_1 \geq ax_0 + b$$

$$y_0 \leq cx_0 + d, y_1 \geq cx_0 + d.$$

Das bedeutet, daß das H-Schnittabzählproblem durch die dreifache Einschränkung $P_4|P_3|P_2|P_1$ eines Halbebenenanfrageproblems $P_4(z \leq ax + b)$ durch drei weitere Halbebenenanfrageprobleme $P_3(z \geq ax + b)$, $P_2(y \leq cx + d)$ und $P_1(y \geq cx + d)$ zu lösen ist. Die im Beweis von Lemma 3.3.1 angewendete Technik führt zu einem vierfach geschachtelten H-Konjugationsbaum. Auf Stufe 1 ist das der Baum für P_1, in den die oberen Endpunkte der durch senkrechte Projektion der Rechtecke auf die x-y-Ebene entstehenden Strecken eingefügt werden. An diesen ist der für P_2 mit den unteren Streckenendpunkten angehängt. Dessen Knoten verweisen auf den H-Konjugationsbaum für P_3, der über den oberen Streckenendpunkten der Projektion der Rechtecke auf die x-z-Ebene aufgebaut ist. Schließlich folgt noch der für P_4 über den unteren Streckenendpunkten. Dessen H-Variablen bleiben unverändert, während alle anderen auf Unterbäume verweisen. Durch Anwenden von Lemma 3.3.1 erhält man nun die folgenden Rekurrenzen. Die Indizes geben die Stufe der Schachtelung an:

$$P_i(n) = P_{i+1}(n) + O(n) + 2 * P_i(\frac{n}{2}), \quad i = 1, 2, 3,$$

$$P_4(n) = O(n \log n),$$

$$S_i(n) = S_{i+1}(n) + O(1) + 2 * S_i(\frac{n}{2}), \quad i = 1, 2, 3,$$

$$S_4(n) = O(n),$$

$$Q_i(n) \leq Q_{i+1}(n) + Q_i(\frac{n}{4}) + Q_i(\frac{n}{2}) + O(1), \quad i = 1, 2, 3,$$

$$Q_4(n) = O(n^\alpha).$$

Aus diesen Beziehungen ergibt sich die Aussage des Satzes.

Auch diese Datenstruktur kann im Spezialfall $H = (2^S, \cup)$ für das entsprechende Aufzählproblem verwendet werden, wodurch sich der Speicheraufwand geringfügig verschlechtert.

Das inverse Problem zu einem Bereichsanfrageproblem erhält man durch Vertauschen der Trägermenge X und der Bereichsmenge R, vgl. Def. 3.3.2. Die Elemente in R werden mit H-Werten versehen. Eine Menge S von Bereichen soll nun so in eine Datenstruktur vorverarbeitet werden, daß für ein beliebiges Anfrageelement $x \in X$ die Summe der H-Werte aller Bereiche in S gefunden wird, die x enthalten. Speziell für das inverse H-Schnittabzählproblem bedeutet das, aus einer Menge von mit einem H-Wert versehenen Geraden die Summe der H-Werte der Geraden herauszufinden, die ein zur x-Achse senkrechtes Anfragerechteck mit zu den anderen Koordinatenachsen parallelen Kanten schneidet. Das analoge 2D-H-Schnittabzählproblem geht von einer Menge von Geraden in der Ebene und zur x-Achse senkrechten Anfragestrecken aus. Es gilt

Satz 3.3.4 Inverses H-Schnittabzählproblem

Gegeben sei eine Menge S aus m Geraden in der Ebene bzw. im Raum, die mit Werten aus einer Halbgruppe H versehen sind. Es gibt eine Datenstruktur zur Lösung des inversen 2D H-Schnittabzählproblems für zur x-Achse senkrechte Strecken mit diesen Geraden mit

$$P(m) = O(m \log m)$$

$$S(m) = O(m)$$

$$Q(m) = O(m^\alpha)$$

bzw. für das inverse 3D H-Schnittabzählproblem für zur x-Achse senkrechte iso-orientierte Rechtecke mit

$$P(m) = O(m \log^2 m)$$

$$S(m) = O(m \log m)$$

$$Q(m) = O(m^\alpha \log m),$$

mit $\alpha = \log \frac{1+\sqrt{5}}{2} < 0.695$.

Beweis: Eine zur x-Achse senkrechte Strecke, die durch die Endpunkte $(x_0, y_0), (x_0, y_1)$, $y_0 < y_1$, gegeben ist, schneidet eine Gerade $y = ax + b$ gdw.

$$y_0 \leq ax_0 + b \leq y_1$$

oder äquivalent

$$-ax_0 + y_0 \leq b, -ax_0 + y_1 \geq b.$$

Bezüglich der Dualtransformation [CG83]

$$T(p) := (y = p_x x + p_y), p \in R^2,$$

$$T'(y = ax + b) := (-a, b),$$

die Punkte in Geraden und Geraden in Punkte abbildet, bedeutet das, daß der Dualpunkt $(-a, b)$ der Geraden $y = ax + b$ in einem Anfragestreifen liegt, der durch die Geraden $y = x_0 * x + y_0, y = x_0 * x + y_1$ begrenzt wird. Die Punkte in diesem Streifen können damit durch simultanes Beantworten der Halbebenenanfragen $y \geq x_0 x + y_1$ und $y \leq x_0 x + y_1$ im H-Konjugationsbaum für die Dualpunkte der gegebenen Geraden gefunden werden. Die Strategie ist dabei wie beim Durchlaufen mit einer Halbebene, mit dem Unterschied, daß nur zu Knoten verzweigt wird, deren Gebiet beide Halbebenen schneiden. Aufsummiert werden die H-Werte von Punkten auf Trenngeraden, die in beiden Halbebenen liegen, sowie die H-Werte der Knoten, deren Gebiet ganz in beiden Halbebenen liegen. Die Anzahl der besuchten Knoten ist damit proportional zu der Anzahl der Knoten, die von jeder der beiden Halbebenenanfragen besucht werden, d.h. $2 * O(m^\alpha)$ nach Satz 3.3.1. Daraus folgt die Aussage über $Q(m)$. Die Vorverarbeitungszeit und der Speicheraufwand kann unmittelbar von Satz 3.3.1 übernommen werden.

Für das 3D H-Abzählproblem werden zwei 2D H-Abzählprobleme nach Lemma 3.3.1 miteinander verknüpft. Das eine ergibt sich durch senkrechte Projektion des 3D-Problems in die x-y-Ebene, das andere durch senkrechte Projektion in die x-z-Ebene. Die Aufwandsabschätzung verläuft analog wie im Beweis von Satz 3.3.3.

3.3.2 Polylogarithmische Anfragezeit

Die Zerlegungsverfahren in Kap. 3.3.1 haben den Vorteil eines geringen Speicherplatzverbrauchs, erfordern jedoch relativ hohe asymptotische Anfragezeit. Bei den nun folgenden Datenstrukturen ist das umgekehrt. Die Vorgehensweise bei diesen ist, die Anfragemenge so in disjunkte Teilmengen zu zerlegen, daß diese dasselbe Antwortverhalten aufweisen. Die Zerlegung erfolgt dabei im Dualraum bzgl. der Dualitätstransformation [CG83] im R^2 mit

$$T(p) := (y = p_x x + p_y)$$

$$T'(y = ax + b) := (-a, b).$$

Diese führt einen Punkt in eine Gerade und eine Gerade in einen Punkt über. Beim Halbebenenanfrageproblem beispielsweise werden die gegebenen Punkte in Geraden übergeführt. Die Begrenzungsgerade der Anfragehalbebene wird zu einem Punkt. Die Transformation T läßt die Lagebeziehung unberührt, d.h falls ein Punkt oberhalb einer Geraden liegt, liegt die Dualgerade des Punktes oberhalb des Dualpunktes der Geraden. Damit sind beim Halbebenenanfrageproblem diejenigen Geraden zu bestimmen, die oberhalb bzw. unterhalb des Dualanfragepunktes liegen, je nach dem, ob die untere oder die obere Halbebene abgefragt wird. Dieses und verwandte Probleme werden im folgenden durch die Verknüpfung von Bereichsbäumen bzw. Segmentbäumen mit einer Punktlokalisationsdatenstruktur gelöst. Beim ebenen Punktlokalisationsproblem geht es darum, in einer polygonalen Zerlegung der Ebene ein Gebiet zu finden, das einen Anfragepunkt enthält. Hierfür sind verschiedene Datenstrukturen bekannt, die dieses Problem in $O(\log n)$ Anfragezeit bei einem Speicheraufwand von $O(n)$ lösen, wobei die entsprechende Datenstruktur in $O(n)$ Zeit konstruiert werden kann, wenn die Topolgie der Zerlegung etwa in Form der DCEL-Datenstruktur gegeben ist [PS85]. Im folgenden wird die polygonale Zerlegung stets durch Geraden induziert. Die DCEL-Datenstruktur für diese Zerlegung kann in $O(n^2)$ Zeit erstellt werden [CG83]. Ferner wird zu einem Anfragepunkt die Gerade mit kleinstem y-Abstand gebraucht, die unterhalb bzw. oberhalb von diesem liegt. Hat man das konvexe Gebiet gefunden, in dem der Anfragepunkt liegt, so kann diese durch binäre Suche auf dem unteren bzw. oberen Rand dieses Gebiets gefunden werden. Der hierfür schlimmstenfalls erforderliche Aufwand von $O(\log n)$ ändert den Gesamtaufwand asymptotisch nicht. Dasselbe gilt für Speicher- und Vorverarbeitungsaufwand. Dieses ist zusammengefaßt in

Lemma 3.3.2 [CG83]

Gegeben seien n Geraden in der Ebene. Es gibt eine Datenstruktur, im folgenden Punktlokalisationsstruktur (PL-Struktur) genannt, die es erlaubt, für einen Anfragepunkt p eine Gerade unterhalb bzw. oberhalb von p mit kleinstem y-Abstand mit Aufwand

$$P(n) = O(n^2)$$

$$S(n) = O(n^2)$$

$$Q(n) = O(\log n)$$

zu finden.

Beweis: siehe oben.

Ein (eindimensionaler) H-Bereichsbaum ist ein ausgeglichener Binärbaum über n Punkten auf einer Geraden. Die Blätter entsprechen den Punkten, die inneren Knoten dem kleinsten Intervall, das die Blattpunkte umfaßt. Für jeden Knoten ist die linke bzw. rechte Grenze seines Intervalls gespeichert, d.h. für die Blätter stimmen beide mit der Koordinate des Blattpunktes überein. Ferner besitzt jeder Knoten eine H-Variable, die die Summe der H-Werte der Punkte in seinem Intervall enthält. Offensichtlich kann der H-Bereichsbaum in $O(n)$ Zeit erstellt werden, wenn die Punkte sortiert vorliegen, und benötigt $O(n)$ Speicherplatz. Er dient zum Beantworten von Intervallanfragen. Dazu werden die maximalen Intervalle im Baum bestimmt, die Teilmenge des Anfrageintervalls sind. Die Anzahl dieser Intervalle ist $O(\log n)$ und sie können mit diesem Aufwand gefunden werden. Das Ergebnis erhält man durch Aufsummieren der H-Werte.

Der H-Segmentbaum ist sehr ähnlich aufgebaut, jetzt allerdings für n Intervalle. Die Endpunkte dieser Intervalle definieren eine Zerlegung in Elementarintervalle. Jedem Blatt des H-Segmentbaums entspricht ein Elementarintervall, den inneren Knoten die Vereinigung der Elementarintervalle der Blätter seines Teilbaums. Der H-Wert eines Knotens ergibt sich als die Summe der H-Werte derjenigen Intervalle, für die das Knotenintervall maximales Teilintervall ist. Der H-Segmentbaum kann in $O(n \log n)$ Zeit bestimmt werden und benötigt $O(n)$ Speicher. Im folgenden wird er zum Beantworten von Punktanfragen benötigt, d.h. für einen Anfragepunkt p soll die Summe der H-Werte aller Intervalle gefunden werden, in denen p liegt. Der Aufwand zum Beantworten einer solchen Anfrage ist $O(\log n)$.

Diese bekannten Datenstrukturen der algorithmischen Geometrie werden nun kombiniert, um Lösungen für das H-Halbebenenabzählproblem und das H-Schnittabzählproblem für Geraden zu bekommen.

Definition 3.3.9 H-PL-Bereichsbaum

Ein H-PL-Bereichsbaum besteht aus einer PL-Struktur für Geraden. Für jede Gerade gibt es zwei H-Bereichsbäume, einen linken und einen rechten. Diese sind über Geraden als Schlüssel in konstanter Zeit zugreifbar (z.B. ein Array von Bereichsbäumen). Die Bereichsbäume über einer Geraden g sind über Schnittpunkten dieser Geraden mit anderen Geraden aufgebaut. Diese werden repräsentiert durch ihren Parameterwert bzgl. der Darstellung $p + \lambda v$ von g, wobei v ein Vektor mit positiver x-Komponente ist.

Definition 3.3.10 Vorverarbeitung des H-PL-Bereichsbaum

Gegeben seien n Geraden im R^2, die mit Werten aus einer Halbgruppe H versehen sind. Die Geraden werden zunächst in die PL-Struktur vorverarbeitet. Der linke Bereichsbaum einer Geraden g nimmt dann die Schnittpunkte mit allen den Geraden auf, deren Steigung kleiner als die von g ist, der rechte diejenigen mit Geraden größerer Steigung.

Definition 3.3.11 Anfrage des H-PL-Bereichsbaum

Gegeben sei ein H-PL-Bereichsbaum, vorverarbeitet wie in Def. 3.3.10, sowie ein Anfragepunkt p. Gesucht ist die Summe der H-Werte aller Geraden, die unterhalb (oberhalb) von p liegen. Zunächst wird in der PL-Struktur eine Gerade g mit kleinstem y-Abstand unterhalb (oberhalb) von p gesucht. Sei $\lambda(p)$ der Parameterwert des Schnittpunkts der Parallelen zur y-Achse durch p mit g. Dann folgt eine Anfrage mit $(-\infty, \lambda(p))$ im linken (rechten) H-Bereichsbaum und eine Anfrage mit $(\lambda(p), \infty)$ im rechten (linken) H-Bereichsbaum. Die Summe der beiden Antworten ist die Lösung des obigen Problems.

Satz 3.3.5 H-Halbebenenabzählproblem

Gegeben seien n Punkte in der Ebene, die mit Werten aus einer Halbgruppe H versehen sind. Der H-PL-Bereichsbaum löst das duale Problem zum H-Halbebenenabzählproblem und damit das H-Halbebenenabzählproblem mit Aufwand

$$P(n) = O(n^2)$$

$$S(n) = O(n^2)$$

$$Q(n) = O(\log n).$$

Beweis: Die Dualisierung des Halbebenenabzählproblems wie zu Beginn dieses Kapitels beschrieben führt dazu, für den Dualpunkt der Begrenzungsgeraden der Anfragehalbebene alle Dualgeraden der gegebenen Punktmenge oberhalb oder unterhalb zu finden, je nach Lage der Halbebene. Dieses Problem wird durch den H-PL-Bereichsbaum gelöst.

Bei der Vorverarbeitung der gegebenen Dualgeraden in die Zerlegungsdatenstruktur, z.B. DCEL, können für jede Gerade die Schnittpunkte mit anderen Geraden nach Parameterwert sortiert ohne Zusatzaufwand bestimmt werden. Damit setzt sich der Vorverarbeitungsaufwand zusammen aus dem für die PL-Struktur, $O(n^2)$, und n Mal dem für die zwei Bereichsbäume, $n * O(n)$. Für den Speicheraufwand gilt das analoge. Die Anfragezeit ergibt sich unmittelbar aus dem Aufwand für die Punktlokalisation, $O(\log n)$, und die beiden Bereichsbäume, $2 * O(\log n)$. Zur Lösung des H-Halbebenenabzählproblems muß noch die Begrenzungsgerade der Anfragegeraden in den Dualpunkt abgebildet werden, was mit konstantem Aufwand geht.

Definition 3.3.12 H-PL-Segmentbaum

Ein H-PL-Segmentbaum besteht aus einer PL-Struktur für Geraden. Für jede Gerade gibt es einen H-Segmentbaum, der in konstanter Zeit über die Geraden zugreifbar ist. Der H-Segmentbaum einer Geraden g ist über den Intervallen aufgebaut, die von den Schnittpunkten mit anderen Geraden induziert werden. Die Schnittpunkte werden durch Parameterwerte bzgl. der Parameterdarstellung $p + \lambda v$, v ein Vektor mit positiver x-Komponente, repräsentiert.

Definition 3.3.13 Vorverarbeitung des H-PL-Segmentbaum

Gegeben seien n Streifen im R^2, begrenzt durch parallele Geraden und versehen mit Werten aus einer Halbgruppe H. Die Begrenzungsgeraden werden zunächst in die PL-Struktur vorverarbeitet. Der H-Segmentbaum einer Geraden g nimmt alle Intervalle auf, die sich als Schnitt anderer Streifen mit g ergeben. Ist g untere Begrenzungsgerade, so wird noch das alle Schnittpunkte umfassende Intervall mit dem H-Wert des zu g gehörenden Streifens hinzugenommen.

Definition 3.3.14 Anfrage des H-PL-Segmentbaum

Gegeben sei ein H-PL-Segmentbaum, vorverabeitet wie in Def. 3.3.13, sowie ein Anfragepunkt p. Gesucht ist die Summe der H-Werte aller Streifen, in denen p liegt. Zunächst wird in der PL-Struktur eine Gerade g mit kleinstem y-Abstand unterhalb von p gesucht. Dann folgt eine Anfrage mit dem Parameterwert $\lambda(p)$ des Schnittpunktes der Parallelen zur y-Achse durch p mit g im H-Segmentbaum von g.

Satz 3.3.6 2D H-Schnittabzählproblem

Gegeben seien n zur x-Achse senkrechte Strecken in der Ebene, die mit Werten aus einer Halbgruppe H versehen sind. Der H-PL-Segmentbaum löst das duale Problem zum 2D H-Schnittabzählproblem für Geraden auf diesen Strecken und damit das Problem selbst mit Aufwand

$$P(n) = O(n^2 \log n)$$

$$S(n) = O(n^2)$$

$$Q(n) = O(\log n).$$

Beweis: Durch die Dualisierung vom Anfang dieses Kapitels gehen die gegebenen Strecken in Dualstreifen über, Geraden in Dualpunkte. Eine Gerade schneidet eine Strecke gdw. ihr Dualpunkt im Dualstreifen der Strecke liegt. Die Dualstreifen werden in einen H-PL-Segmentbaum vorverarbeitet. Der Aufwand hierfür setzt sich zusammen aus dem für die PL-Struktur, $O(n^2)$, und dem für die n Segmentbäume, $n * O(n \log n)$. Analoges gilt für den Speicheraufwand. Die Anfragezeit besteht aus dem Zeitaufwand für die Punktlokalisation, $O(\log n)$, und die Segmentbaumanfrage, $O(\log n)$. Das Dualisieren der Anfragegeraden erfordert nur konstanten Aufwand.

Für das entspechende 2D Schnittaufzählproblem gibt es eine effizientere Lösung, indem die Segmentbäume durch die Filtering-Search-Segmentstruktur von Chazelle [Ch83] ersetzt werden. Diese erlaubt es, für n Intervalle die von einem beliebigen Anfragepunkt getroffenen I Intervalle in $O(\log n + I)$ Anfragezeit bei einem Speicheraufwand von $O(n)$ und einer Vorverabeitungszeit von $O(n)$ zu finden, wenn die Intervallendpunkte sortiert sind.

Satz 3.3.7 2D Schnittaufzählproblem

Gegeben seien n zur x-Achse senkrechte Strecken in der Ebene. Es gibt eine Datenstruktur zur
Lösung des Schnittaufzählproblems für Geraden auf diesen Strecken mit

$$P(n) = O(n^2)$$

$$S(n) = O(n^2)$$

$$Q(n) = O(\log n + I),$$

I die Anzahl der geschnittenen Strecken.

Im dreidimensionalen gilt nun

Satz 3.3.8 3D H-Schnittabzählproblem

Gegeben seien n zur x-Achse senkrechte iso-orientierte Rechtecke im R^3, die mit Werten
aus einer Halbgruppe H versehen sind. Es gibt eine Datenstruktur zur Lösung des H-
Schnittabzählproblems für Geraden auf den gegebenen Rechtecken mit

$$P(n) = O(n^3 \log^2 n)$$

$$S(n) = O(n^3 \log n)$$

$$Q(n) = O(\log^2 n).$$

Beweis: Das 3D H-Schnittabzählproblem ist durch die Einschränkung $Q_2|Q_1$ eines 2D H-
Schnittabzählproblems Q_2 durch ein 2D H-Schnittabzählproblem Q_1 lösbar. Q_2 ist das
2D H-Schnittabzählproblem, das sich durch senkrechte Projektion auf die x-z-Ebene ergibt.
Q_1 entsteht durch senkrechte Projektion auf die x-y-Ebene. Die im Beweis von Lemma
3.3.1 angewendete Technik führt dazu, daß die H-Variablen im H-PL-Segmentbaum von
Q_1 durch Verweise auf H-PL-Segmentbäume für Q_2 ersetzt werden, die über den die H-
Variablen definierenden Punktmengen aufgebaut sind. Seien $n_i, i = 1,...,k, k = O(n)$, die
Anzahl der durch die k H-Variablen in einem Segmentbaum von Q_1 repräsentierten Segmente. Dann gilt $\sum_{i=1}^{k} n_i = O(n \log n)$. Die H-PL-Segmentbäume für Q_2 benötigen damit
$\sum_{i=1}^{k} O(n_i^2) = O(n^2 \log n)$ Platz und $\sum_{i=1}^{k} O(n_i^2 \log n_i) = O(n^2 \log^2 n)$ Vorverarbeitungszeit.
(Die Summe $\sum_{i=1}^{k} n_i^2$ ist maximal, wenn alle n_i den größtmöglichen Wert, d.h. $n_i = n$ an-
nehmen. Die Summe hat dann nicht mehr als $\lceil \log n \rceil$ Summanden $\neq 0$, so daß $\sum_{i=1}^{k} n_i^2 \leq$
$n^2 \lceil \log n \rceil = O(n^2 \log n)$).

Der H-PL-Segmentbaum für Q_1 besteht aus n H-Segmentbäumen, woraus sich die Behauptung
für Vorverarbeitungs- und Speicheraufwand ergibt.

Eine Anfrage wird beantwortet, indem zunächst im H-PL-Segmentbaum für Q_1 der relevante Segmentbaum gefunden wird, $O(\log n)$. In diesem Segmentbaum wird ein Pfad durchlaufen, wobei in jedem Knoten des Pfades in den angehängten H-PL-Segmentbaum für Q_2 verzweigt wird, $O(\log n) * O(\log n)$.

Für das Aufzählproblem gibt es wie im zweidimensionalen Fall eine verbesserte Lösung, indem die Filtering-Search-Struktur für Punktanfragen an ebene iso-orientierte Rechtecke von Chazelle [Ch83] verwendet wird. Diese erlaubt es, die I von einem Anfragepunkt getroffenen Rechtecke in $O(\log n + I)$ Zeit bei $O(n)$ Speicher und $O(n \log n)$ Vorverarbeitungszeit aufzulisten.

Definition 3.3.15 PL-Rechteckstruktur

Die PL-Rechteckstruktur besteht aus zwei PL-Strukturen für Geraden. Für jedes Paar aus einer Geraden aus der einen Struktur und einer Geraden aus der anderen Struktur gibt es eine Chazelle'sche Rechteckstruktur.

Definition 3.3.16 Vorverarbeitung der Rechteckstruktur

Gegeben seien n iso-orientierte Rechtecke im R^3 senkrecht zur x-Achse. Die Dualen der Eckpunkte der Rechtecke in der senkrechten Projektion auf die x-y- bw. x-z-Ebene werden jeweils in eine PL-Struktur vorverarbeitet. Jedem Paar von Geraden aus den beiden Strukturen entspricht ein Paar von Geraden g_1, g_2, die eine senkrecht zur x-y-Ebene, die andere senkrecht zur x-z-Ebene. Durch jeden Punkt $p \in R^3$, der nicht auf den zur x-Achse senkrechten Ebenen durch g_1, g_2 liegt, gibt es eine eindeutige Gerade $g(p)$, die sowohl g_1 als auch g_2 schneidet. Seien $u(g(p)), v(g(p))$ die Winkel von $g(p)$ bzgl. der x-Achse in der Projektion auf die x-y- bzw. x-z-Ebene und $A_{[g_1,g_2]} : R^3 \to R^2$ die Abbildung mit $A_{[g_1,g_2]}(p) = (u(p), v(p))$. Die Bilder der gegebenen iso-orientierten Rechtecke, außer den beiden, von deren Eckpunkten g_1, g_2 kommen, sind ebene Rechtecke, deren Kanten parallel zu den Koordinatenachsen sind. Diese Rechtecke werden in die Rechteckstruktur für g_1, g_2 vorverarbeitet.

Definition 3.3.17 Anfrage der Rechteckstruktur

Gegeben seien n iso-orientierte Rechtecke im R^3 senkrecht zur x-Achse, die in eine PL-Rechteckstruktur vorverarbeitet sind, sowie eine Anfragegerade g. Um die von g getroffenen Rechtecke aufzuzählen, werden zunächst die beiden zum Dualpunkt von g benachbarten Geraden in den beiden PL-Strukturen bestimmt. Diese beiden Geraden entsprechen Punkten auf je einem Rechteck. Diejenigen Rechtecke, die g schneidet, werden zum Ergebnis hinzugefügt. Dann wird g senkrecht auf die beiden Geraden verschoben. Im Urbild entspricht das einer Verschiebung auf die beiden orthogonalen Geraden zu den beiden Geraden. In der entsprechenden Struktur werden nun die Rechtecke bestimmt, in denen der Punkt $(u(g), v(g))$ liegt.

Satz 3.3.9 3D Schnittaufzählproblem

Gegeben seien n zur x-Achse senkrechte iso-orientierte Rechtecke im R^3. Es gibt eine Datenstruktur zur Lösung des Schnittaufzählproblems für Geraden auf diesen Rechtecken mit

$$P(n) = O(n^3 \log n)$$

$$S(n) = O(n^3)$$

$$Q(n) = O(\log n + I),$$

I die Anzahl der getroffenen Rechtecke.

Beweis: Die Anfrage erfordert zwei Punktlokalisationen sowie eine Anfrage in der Chazelle'schen Rechteckstruktur. Der Gesamtaufwand hierfür ist $O(\log n + I)$. Der Speicheraufwand und der Vorverarbeitungsaufwand wird dominiert durch den Aufwand für die n^2 Rechteckstrukturen. Jede kann in $O(n \log n)$ Zeit konstruiert werden und benötigt $O(n)$ Speicher.

Falls alle Rechtecke von einer gemeinsamen Ebene senkrecht zur x-y-Ebene (oder x-z-Ebene) geschnitten werden, läßt sich eine Datenstruktur zur Lösung des 3D-Schnittaufzählproblems angeben, die mit $O(n^2 \log n)$ Speicher auskommt und eine Anfragezeit von $O(\log^2 n + I)$ besitzt. Für die Projektion in die x-z-Ebene wird wie früher ein PL-Segmentbaum aufgebaut. Die einem seiner Knoten entsprechenden Rechtecke werden durch senkrechte Projektion auf die x-y-Ebene in Strecken abgebildet, die von einer gemeinsamen Geraden geschnitten werden. Nun ist das Problem zu lösen, für eine Anfragegerade die von ihr geschnittenen Flächen zu finden. Das kann mit einem Algorithmus von Chazelle und Guibas [CG85] erledigt werden, der dieses Problem für Kanten auf einem einfachen Polygon löst. Dieser benötigt $O(\log n + I)$ Anfragezeit und $O(n)$ Speicher. Die Reduktion auf dieses Problem erfolgt dadurch, daß der obere Endpunkt einer Strecke mit dem unteren der nachfolgenden Strecke verbunden wird und dieser einfache Polygonzug durch höchstens zwei weitere beliebige Kanten geschlossen wird. Für jede bis auf höchstens konstant viele der von einer Anfragegeraden getroffenen neuen Kanten gibt es eine entsprechende der alten Kanten, die getroffen wird, so daß sich der Aufwand asymptotisch nicht erhöht.

Den Abschluß dieses Kapitels bildet eine anfragezeiteffiziente Datenstruktur zur Lösung des inversen H-Schnittabzählproblems. Zusätzlich zum bisher verwendeten (1D) H-Bereichsbaum werden 2D H-Bereichsbäume benötigt. Ein 2D H-Bereichsbaum kann als Schachtelung zweier 1D H-Bereichsbäume interpretiert werden. Der Baum auf Stufe 1 ist ein 1D H-Bereichsbaum für die x-Koordinaten der gegebenen zweidimensionalen Punkte, wobei bei gleicher x-Koordinate u.U. mehrere Punkte zu einem Blatt gehören. Die H-Variablen werden durch Verweise auf 1D-Bereichsbäume für die y-Koordinaten der ihr zugeordneten Punkte ersetzt. Der Speicheraufwand ist $O(n \log n)$, die Vorverabeitungszeit ebenfalls $O(n \log n)$. Eine Rechteckanfrage nach der Summe der H-Werte aller Punkte, die in einem Rechteck mit zu den Koordinatenachsen parallelen Kanten liegen, kann in $O(\log^2 n)$ Zeit beantwortet werden.

Definintion 3.3.18 H-Segment-Bereichsbaum (H-S-Bereichsbaum)

Ein 1D (2D) H-S-Bereichsbaum besteht aus einem Segmentbaum, dessen Knoten auf 1D (2D) H-Bereichsbäume verweisen. Die in letzteren gespeicherten Schlüssel sind 2D (3D) Geraden.

Definition 3.3.19 Vorverarbeitung des H-S-Bereichsbaum

Gegeben seien m Geraden im R^2 (R^3), die mit Werten aus einer Halbgruppe H versehen sind. Die senkrechte Projektion der Kanten der durch die Geraden induzierten Zerlegung auf die x-Achse werden in einen Segmentbaum vorverarbeitet. (Im dreidimensionalen Fall induziert die senkrechte Projektion der Geraden auf die x-y- bzw. die x-z-Ebene jeweils eine Zerlegung, deren Kanten senkrecht auf die x-Achse projiziert und in einen Segmentbaum vorverarbeitet werden.) Jedem Knoten des Segmentbaums entspricht ein x-Intervall, in dem sich die ihm zugordneten Segmente in der (den) Zerlegung(en) nicht schneiden. Das bedeutet, daß für jede zur x-Achse senkrechte Ebene, deren x-Koordinate in diesem Intervall liegt, die y-Ordnung (und die z-Ordnung) der Schnittpunkte der Ebene mit den Geraden dieselbe ist. Unter Zuhilfenahme einer beliebigen dieser Ebenen wird für jeden Knoten ein 1D (2D) Bereichsbaum über den Schnittpunkten der ihm zugeordneten Segmente aufgebaut. Als Schlüssel werden aber anstatt der Schnittpunkte die Geradengleichungen abgespeichert.

Definition 3.3.20 Anfrage des H-S-Bereichsbaum

Gegeben sei ein H-S-Bereichsbaum, vorverarbeitet wie in Def. 3.3.19. Für eine zur x-Achse senkrechte Anfragestrecke (Anfragerechteck mit zu den Koordinatenachsen parallelen Kanten) werden die Knoten des Segmentbaums durchlaufen, deren Intervalle die x-Koordinate des Anfragerechtecks enthalten. Für jeden Knoten folgt eine Bereichsanfrage im angehängten H-Bereichsbaum. Bei deren Durchführung wird die x-Koordinate der Anfragestrecke (Anfragerechtecks) in die im H-Bereichsbaum als Wegweiser dienenden Geradengleichungen eingesetzt. Die Lösung enthält man als Summe der Lösungen in den aufgesuchten H-Bereichsbäumen.

Satz 3.3.10 Inverses H-Schnittabzählproblem

Gegeben seien m Geraden im R^2 (R^3), die mit Werten aus einer Halbgruppe H versehen sind. Der 1D (2D) H-S-Bereichsbaum löst das 2D (3D) Schnittaufzählproblem für zur x-Achse senkrechte Strecken (Rechtecke mit zu den Koordinatenachsen parallelen Kanten) auf diesen Geraden mit Aufwand

$$P(m) = O(m^2 \log m) \qquad (O(m^2 \log^2 m))$$

$$S(m) = O(m^2 \log m) \qquad (O(m^2 \log^2 m))$$

$$Q(m) = O(\log^2 m) \qquad (O(\log^3 m)).$$

Beweis: Es gibt nicht mehr als m^2 $(2m^2)$ Segmente, die zu berechnen und im Segmentbaum abzulegen sind. Der Speicheraufwand ist $O(m^2)$ für den Segmentbaum und $O(m_i)$ $(O(m_i \log m_i))$ für den H-Bereichsbaum am Knoten i, m_i die Anzahl der Segmente dort. Aufsummiert ergibt das $S(m) = O(m^2 \log m)$ $(O(m^2 \log^2 m))$. Die Vorverarbeitungszeit setzt sich analog zusammen aus der Zeit zum Aufbau des Segmentbaums, $O(m^2 \log m)$, und die für die $O(m^2)$ H-Bereichsbäume, d.h. insgesamt $O(m^2 \log m)$ $(O(m^2 \log^2 m))$. Die Anfrage kostet das Durchlaufen eines Pfades im Segmentbaum der Länge $O(\log m)$ und für jeden Knoten die Suche in einem H-Bereichsbaum, die $O(\log m)$ $(O(\log^2 m))$ kostet.

3.3.3 Zeit-Speicher-Tradeoff

In Kap. 3.3.1 wird der Konjugationsbaum als speichereffiziente Lösung, in Kap. 3.3.2 die PL-Bäume bzw. S-Bäume als anfragezeiteffiziente Lösung des Schnittabzählproblems vorgestellt. Das Verknüpfen beider Datenstrukturen erlaubt es, den Bereich zwischen beiden Extrema abzudecken. Für das H-Schnittabzählproblem für Geraden auf iso-orientierten Rechtecken im R^3 führt das auf eine Familie von Datenstrukturen, für die ein Zeit-Speicher-Tradeoff zwischen Anfragezeit Q und Speicheraufwand S von $Q^{\frac{2}{\alpha}}S = O(n^3 \text{polylog} n)$, $\alpha = \log \frac{1+\sqrt{5}}{2} < 0.695$ gilt. "polylog n" steht hier für einen Ausdruck der Form $\log^c n$, c eine Konstante ≥ 1.

Die Anzahl der in einer Abzählstruktur verwendeten H-Variablen stellt eine untere Schranke des Speicherbedarfs einer solchen Datenstruktur dar. Von Fredman [Fr81] wurde diese Beobachtung ausgenützt, um nichttriviale untere Schranken für dynamische Datenstrukturen, insbesondere für das Rechteckanfrageproblem herzuleiten. Vaidya [Va85] gab für dieses Problem untere Schranken für den Zeit-Speicher-Tradeoff an. Wir werden zeigen, daß für beliebige Datenstrukturen für das obige H-Schnittabzählproblem ein Zeit-Speicher-Tradeoff von $Q^3 S = \Omega(n^2)$ besteht. Eine Konsequenz hiervon ist, daß bei polylogarithmischer Anfragezeit mindestens $\Omega(\frac{n^2}{\text{polylog} n})$ Speicher benötigt wird.

Durch Dualität kann leicht gezeigt werden, daß die unteren Schranken für den Zeit-Speicher-Tradeoff auch für das inverse des obigen Schnittabzählproblems gelten. Durch Verknüpfen speichereffizienter und zeiteffizienter Datenstrukturen wird gezeigt, daß es eine Familie von Datenstrukturen mit einem Zeit-Speicher-Tradeoff von $Q^{\frac{1}{\alpha}}S = O(n^2 \text{polylog} n))$, $\alpha = \log \frac{1+\sqrt{5}}{2} < 0.695$ gibt. Speziell für polylogarithmische Anfragezeit zeigt ein Vergleich mit der unteren Schranke, daß die Lösung bis auf einen polylogarithmischen Faktor optimal ist.

Definition 3.3.21 H-KPL$_i$-Strukturen

Die H-KPL$_i$-Struktur entsteht aus dem 4-fach geschachtelten Konjugationsbaum von Satz 3.3.3 dadurch, daß alle Knoten mit einer Höhe größer als i entfernt werden, $i = 0, ..., \log n$. Die Höhe eines Knotens ist dabei als die Summe der Kantenanzahl auf den Pfaden in den einzelnen Konjugationsbäumen definiert, aus denen sich der Pfad von der Wurzel der Gesamtstruktur zu diesem Knoten zusammensetzt. Die Knoten auf Höhe i verweisen auf eine iterierte H-PL-...-Struktur.

Definition 3.3.22 Vorverarbeitung der H-KPL$_i$-Strukturen

Gegeben seien n iso-orientierte Rechtecke im R^3, in allgemeiner Lage, die mit Werten aus einer Halbgruppe H versehen sind. Die Konstruktion des abgeschnittenen Konjugationsbaums erfolgt durch Ham-Sandwich-Cut für die verschiedenen Eckpunktmengen wie beim Aufbau des nicht abgeschnittenen Konjugationsbaums. Für die Knoten der Höhe i werden abhängig von der Stufe ihres Konjugationsbaums folgende iterierte H-PL-...-Strukturen berechnet.

Stufe 1: die iterierte H-PL-Segmentbaumstruktur aus dem Beweis von Satz 3.3.8

Stufe 2: Analog wie im Beweis von Satz 3.3.8, wobei das Problem Q_2 durch P_2 aus dem Beweis von Satz 3.3.3 ersetzt wird. P_2 ist ein H-Halbebenenabzählproblem, wofür der H-PL-Bereichsbaum aus Satz 3.3.5 verwendet wird.

Stufe 3: Der H-PL-Segmentbaum von Satz 3.3.6 zur Lösung des 2D-H-Schnittabzählproblems Q_2 vom Beweis zu Satz 3.3.8.

Stufe 4: der H-PL-Bereichsbaum vom Satz 3.3.6 zur Lösung des H-Halbebenenabzählproblems P_4 aus dem Beweis von Satz 3.3.3.

Die H-Variablen der Knoten der Höhe i der letzten Stufe werden aus den H-PL-...-Strukturen übernommen. Die H-Variablen der inneren Knoten werden durch Aufsummieren von den Blättern her bestimmt.

Definition 3.3.23 Anfrage der H-KPL$_i$-Struktur

Gegeben sei eine H-KPL$_i$-Struktur, vorverarbeitet wie in der vorigen Definition. Die Anfragebeantwortung geschieht zunächst im Konjugationsbaum, der wie üblich, d.h. wie in Def. 3.3.8, durchlaufen wird. Für die Knoten auf Stufe i, wo eine Verzweigung zu höheren Knoten notwendig wird, folgt ein Durchlauf der entsprechenden PL-...-Struktur für die noch zu lösende Problemversion. Beim Durchlauf werden jeweils die H-Werte aufsummiert.

Satz 3.3.11 H-Schnittabzählproblem

Gegeben seien n zur x-Achse senkrechte iso-orientierte Rechtecke, die mit Werten aus einer Halbgruppe H versehen sind. Die H-KPL$_i$-Struktur, $i = 1, ..., \lceil \log n \rceil$, löst das H-Schnittabzählproblem für Geraden auf diesen Rechtecken mit einem Aufwand von

$$P_i(n) = O((i+1)\frac{n^3}{4^i}\log^2\frac{n}{2^i} + (i+3)^3\frac{n^2}{2^i}\log\frac{n}{2^i} + (i+3)^4 n),$$

$$S_i(n) = O((i+1)\frac{n^3}{4^i}\log\frac{n}{2^i} + (i+3)^3\frac{n^2}{2^i} + (i+1)^3 2^i),$$

$$Q_i(n) = O((i+1)^3(\frac{1+\sqrt{5}}{2})^i(1+\log\frac{n}{2^i}) + (i+1)(\frac{1+\sqrt{5}}{2})^i\log^2\frac{n}{2^i}).$$

Sei ferner Q die Anfragezeit, S der Speicherbedarf einer der H-KPL$_i$-Strukturen, so gilt

$$Q^{\frac{2}{\alpha}}S = O(n^3\log^{3+\frac{8}{\alpha}} n), \quad \alpha = \log\frac{1+\sqrt{5}}{2} < 0.695.$$

Beweis: Für die Anzahl $A_i(k)$ von Knoten der Höhe $i, i = 0, ..., \lceil \log n \rceil$, auf Stufe k, $k = 1, 2, 3, 4$, gilt

$$A_i(k) \le 2^i \binom{i + k - 1}{k - 1}.$$

$A_i(k)$ stimmt mit der Anzahl von Markierungen mit $k - 1$ Marken überein, die längs Pfaden eines ausgeglichenen Binärbaums der Höhe i möglich sind. Der Speicheraufwand für die H-KPL$_i$-Strukturen auf Stufe 1 und 2 auf Höhe i ist durch $O((\frac{n}{2^i})^3 \log \frac{n}{2^i})$ beschränkt, vgl. Satz 3.3.8, da der Wert einer H-Variablen eines Knoten der Höhe i durch höchstens $\frac{n}{2^i}$ Rechtecke gebildet wird. Für die Strukturen auf Stufe 3 und 4 gilt eine Speicherschranke von $O((\frac{n}{2^i})^2)$, vgl. Satz 3.3.6. Also gilt

$$
\begin{aligned}
S_i(n) &= (A_i(1) + A_i(2)) * O((\frac{n}{2^i})^3 \log \frac{n}{2^i}) \\
&\quad + (A_i(3) + A_i(4)) * O((\frac{n}{2^i})^2) + O((i + 1)^3 2^i) \\
&= O((i + 1)\frac{n^3}{4^i} \log \frac{n}{2^i} + (i + 3)^3 \frac{n^2}{2^i} + (i + 1)^3 2^i).
\end{aligned}
$$

Der letzte Term beschränkt die Anzahl der Knoten des abgeschnittenen Konjugationsbaums.

Der Vorverarbeitungsaufwand im abgeschnittenen Konjugationsbaum ist beschränkt durch

$$P_i'(n) \le \sum_{k=1}^{4} \sum_{j=0}^{i} 2^j \binom{j + k - 1}{k - 1} O(\frac{n}{2^j}) = O((i + 3)^4 n).$$

Der Vorverarbeitungsaufwand für die H-PL-...-Strukturen an den Knoten auf Höhe i wird analog wie der Speicheraufwand hergeleitet. Es ist

$$P_i''(n) = O((i + 1)\frac{n^3}{4^i} \log^2 \frac{n}{2^i} + (i + 3)^3 \frac{n^2}{2^i} \log \frac{n}{2^i})$$

und insgesamt $P_i(n) = P_i'(n) + P_i''(n)$.

Der Aufwand zum Beantworten einer Anfrage setzt sich aus dem für die Antworten für die abgeschnittenen Konjugationsbäume und die H-PL-...-Strukturen zusammen. Der erste Anteil ist proportional zur Anzahl der durchlaufenen Verzweigungsknoten, d.h.

$$Q_i' = O(\sum_{j=0}^{i} \sum_{k=0}^{i-j} \sum_{l=0}^{i-j-k} \sum_{r=0}^{i-j-k-l} F_j F_k F_l F_r) = O(i^3 (\frac{1 + \sqrt{5}}{2})^i).$$

Dabei ist F_i die i-te Fibonacci-Zahl, d.h. $F_0 = F_1 = 1$, $F_i := F_{i-1} + F_{i-2}$ für $i \ge 2$. Asymptotisch gilt $F_i = O((\frac{1 + \sqrt{5}}{2})^i)$.

Die Anfragezeit für die H-PL-...-Strukturen auf Höhe i ist $O(\log^2 \frac{n}{2^i})$ auf Stufe 1 und 2 und $O(\log \frac{n}{2^i})$ auf Stufe 3 und 4.

$$Q_i''(n) = O(F_i \log^2 \frac{n}{2^i} + \sum_{j=0}^{i} F_j F_{i-j} \log^2 \frac{n}{2^i}$$

$$+ \sum_{j=0}^{i} \sum_{k=0}^{i-1} F_j F_k F_{i-j-k} \log \frac{n}{2^i} + \sum_{j=0}^{i} \sum_{k=0}^{i-j} \sum_{l=0}^{i-j-k} F_j F_k F_l F_{i-j-k-l} \log \frac{n}{2^i})$$

$$= O((i+1)(\frac{1+\sqrt{5}}{2})^i \log^2 \frac{n}{2^i} + (i+1)^3 (\frac{1+\sqrt{5}}{2})^i \log \frac{n}{2^i}).$$

Insgesamt ergibt sich $Q_i(n) = Q_i' + Q_i''(n)$.

Für die Aussage über den Zeit-Speicher-Tradeoff werden zur Vereinfachung die Faktoren i und $\log \frac{n}{2^i}$ durch $\log n$ abgeschätzt:

$$Q_i^{\frac{2}{\alpha}} S_i = O((\log^{\frac{8}{\alpha}} n)(\frac{1+\sqrt{5}}{2})^{\frac{2i}{\alpha}} \frac{n^3}{4^i} \log^2 n$$

$$+ (\log^{\frac{8}{\alpha}} n)(\frac{1+\sqrt{5}}{2})^{\frac{2i}{\alpha}} \frac{n^2}{2^i} \log^3 n$$

$$+ (\log^{\frac{8}{\alpha}} n)(\frac{1+\sqrt{5}}{2})^{\frac{2i}{\alpha}} n \log^3 n)$$

$$= O(n^3 \log^{3+\frac{8}{\alpha}} n).$$

Für das dazu inverse Problem wird durch Kombination von abgeschnittenen Konjugationsbäumen auf Basis von Satz 3.3.4 und den H-S-Bereichsbäumen aus Satz 3.3.10 analog eine Familie von Datenstrukturen H-KS$_i$, $i = 0, ..., \lceil \log m \rceil$, konstruiert. Für diese gilt

Satz 3.3.12 Inverses H-Schnittabzählproblem

Gegeben seien m Geraden im R^3, die mit Werten aus einer Halbgruppe H versehen sind. Die H-KS$_i$-Struktur, $i = 0, ..., \lceil \log m \rceil$, löst das H-Schnittabzählproblem für zur x-Achse senkrechte Anfragerechtecke mit zu den Koordinatenachsen parallelen Kanten auf diesen Geraden mit Aufwand

$$P_i(m) = O((i+1)^2 m + (i+1)\frac{m^2}{2^i} \log^2 \frac{m}{2^i} + (i+1)^2 \frac{m^2}{2^i} \log \frac{m}{2^i}),$$

$$S_i(m) = O((i+1)\frac{m^2}{2^i} \log^2 \frac{m}{2^i} + (i+1)^2 \frac{m^2}{2^i} \log \frac{m}{2^i} + (i+1) * 2^i),$$

$$Q_i(m) = O((\frac{1+\sqrt{5}}{2})^i \log^3 \frac{m}{2^i} + (i+1)(\frac{1+\sqrt{5}}{2})^i \log^2 \frac{m}{2^i}).$$

Sei Q die Anfragezeit, S der Speicherbedarf einer beliebigen H-KS$_i$-Struktur. Dann gilt

$$Q^{\frac{1}{\alpha}} S = O(m^2(\log^{3+\frac{3}{\alpha}} m)), \quad \alpha = \log \frac{1+\sqrt{5}}{2} < 0.695.$$

Beweis: Der Beweis verläuft analog wie beim vorigen Satz. Verwendet wird der zweifach geschachtelte Konjugationsbaum für das inverse 3D Schnittabzählproblem aus dem Beweis von Satz 3.3.4 und der 1D bzw. 2D H-S-Bereichsbaum für das inverse 2D bzw. 3D Schnittabzählproblem aus Satz 3.3.10. Für den Speicheraufwand gilt

$$S_i(m) = A_i(1) * O((\frac{m}{2^i})^2 \log^2 \frac{m}{2^i}) + A_i(2) * O((\frac{m}{2^i})^2 \log \frac{m}{2^i}) + O((i+1) * 2^i)$$
$$= O((i+1)\frac{m^2}{2^i} \log^2 \frac{m}{2^i} + (i+1)^2 \frac{m^2}{2^i} \log \frac{m}{2^i} + (i+1) * 2^i).$$

Der letzte Term beschränkt jeweils die Anzahl der Knoten des abgeschnittenen Konjugationsbaums.

Der Vorverarbeitungsaufwand im abgeschnittenen Konjugationsbaum ist beschränkt durch

$$P_i'(m) \leq \sum_{k=1}^{2} \sum_{j=0}^{i} A_j(k) * \frac{m}{2^j} = O((i+1)^2 m).$$

Der Vorverarbeitungsaufwand $P_i''(m)$ ist von der gleichen Größenordnung wie der Speicheraufwand. Damit gilt

$$P_i(m) = O((i+1)^2 m + (i+1)\frac{m^2}{2^i} \log^2 \frac{m}{2^i} + (i+1)^2 \frac{m^2}{2^i} \log \frac{m}{2^i}).$$

Der Aufwand zum Beantworten einer Anfrage setzt sich zusammen aus dem Aufwand Q_i' zum Durchlaufen des abgeschnittenen Konjugationsbaums und dem Aufwand $Q_i''(m)$ zum Durchlaufen der Bereichsbäume. Es gilt

$$Q_i' = O(\sum_{j=0}^{i} \sum_{k=0}^{i-j} F_j F_k) = O((i+1)(\frac{1+\sqrt{5}}{2})^i),$$

$$Q_i''(m) = O\left(F_i * \log^3 \frac{m}{2^i} + \sum_{j=0}^{i} F_i F_{i-j} * \log^2 \frac{m}{2^i}\right)$$

$$= O\left(\left(\frac{1+\sqrt{5}}{2}\right)^i \log^3 \frac{m}{2^i} + (i+1)\left(\frac{1+\sqrt{5}}{2}\right)^i \log^2 \frac{m}{2^i}\right).$$

Insgesamt ergibt das

$$Q_i(m) = O\left(\left(\frac{1+\sqrt{5}}{2}\right)^i \log^3 \frac{m}{2^i} + (i+1)\left(\frac{1+\sqrt{5}}{2}\right)^i \log^2 \frac{m}{2^i}\right).$$

Die Aussage über den Zeit-Speicher-Tradeoff ergibt sich nach Abschätzen der Faktoren $(i+1)$ und $\log \frac{m}{2^i}$ durch $\log m$ zu

$$Q_i^{\frac{1}{\alpha}} S_i = O\left((\log^{\frac{3}{\alpha}} m)\left(\frac{1+\sqrt{5}}{2}\right)^{\frac{i}{\alpha}} \frac{m^2}{2^i} \log^3 m \right.$$

$$\left. + (\log^{\frac{3}{\alpha}} m)\left(\frac{1+\sqrt{5}}{2}\right)^{\frac{i}{\alpha}} (\log m) * 2^i\right)$$

$$= O(m^2 \log^{3+\frac{3}{\alpha}} m).$$

Die nun herzuleitenden unteren Schranken für den Zeit-Speicher-Tradeoff ergeben sich durch Reduktion auf ein gemeinsames Problem, das H-Schnittabzählproblem für Geraden auf Punkten in der Ebene. Gegeben ist bei diesem Problem eine endliche Menge von Punkten in der Ebene, die mit H-Werten versehen sind. Gesucht ist für beliebige ebene Anfragegeraden g die Summe der H-Werte der auf g liegenden Punkte.

Lemma 3.3.3

Für beliebige, hinreichend große $n \in N$ gibt es eine Menge aus n Punkten in der Ebene, die mit Werten aus einer Halbgruppe H versehen sind, so daß für jede H-Abzählstruktur zur Lösung des H-Schnittabzählproblems für Geraden auf diesen Punkten

$$Q^3 S = \Omega(n^2)$$

gilt, wobei Q die Anfragezeit, S der Speicherbedarf der H-Abzählstruktur ist.

Beweis: Die Antworten auf eine Geradenanfrage sind als Summe von H-Variablen darstellbar. Eine H-Variable repräsentiert eine Teilmenge der Lösungsmenge. Die Teilmengen, die zu den H-Variablen der Lösung gehören, sind disjunkt (andernfalls würden beim einfachen Abzählproblem

Punkte doppelt gezählt). Ferner ist die Vereinigung der Teilmengen die Lösungsmenge. Betrachtet man den bipartiten Graphen G mit Knotenmenge $R \cup X$, R die möglichen Anfragegeraden, X die Punktmenge des Problems, so induziert jede H-Variable einen vollständigen bipartiten Teilgraphen von G. Offensichtlich ist das H-Schnittabzählproblem nur dann in Zeit Q bei Speicherbedarf S zu lösen, wenn es höchstens S vollständige bipartite Teilgraphen gibt, die die Kanten von G disjunkt überdecken und jeder Knoten aus R in höchstens Q von ihnen vorkommt. Nun wird gezeigt, daß es eine Eingabe für das H-Schnittabzählproblem für Punkte gibt, bei der $Q^3 S \geq c * n^2$ für eine Konstante $c > 0$ gilt.

Die Menge X besteht aus dem $2m$x$2m$-Gitter $\{1, ..., 2m\}$x$\{1, ..., 2m\}$ in der Ebene, $m := \frac{\sqrt{n}}{2}$. Wir betrachten einen Teilgraphen G' von G mit der Knotenmenge $R' \cup X$, wobei

$$R' := \{(p + \lambda * \frac{i}{j}) : p \in \{1, ..., m\}x\{1, ..., m\}, \quad i \leq j, \quad i, j \in \{1, ..., m\}\}.$$

Sei

$$R'(t) := \{g \in R' : \text{die Steigung von } g \text{ ist } \frac{i}{j} \text{ mit } \lfloor \frac{m}{t+1} \rfloor + 1 \leq j \leq \lfloor \frac{m}{t} \rfloor, i, j \text{ teilerfremd}\},$$

$$t = 1, ..., m.$$

Es gilt

$$|R'(t)| \geq \lfloor \frac{m^2}{t+1} \rfloor \sum_{j=\lfloor \frac{m}{t+1} \rfloor + 1}^{\lfloor \frac{m}{t} \rfloor} \phi(j), \quad t = 1, ..., m.$$

Dabei ist ϕ die Eulersche Funktion, die die Anzahl der zu j teilerfremden Zahlen zwischen 0 und j angibt. Sei $A(Q) := \sum_{t=Q+1}^{m} |R'(t)|$. Dann ist

$$A(Q) = \sum_{t=Q+1}^{m} \lfloor \frac{m^2}{t+1} \rfloor * \lfloor \frac{m}{t} \rfloor^{-1} * \sum_{j=\lfloor \frac{m}{t+1} \rfloor + 1}^{\lfloor \frac{m}{t} \rfloor} \lfloor \frac{m}{t} \rfloor * \phi(j)$$

$$\geq \frac{1}{2} m \sum_{t=Q+1}^{m} \sum_{j=\lfloor \frac{m}{t+1} \rfloor + 1}^{\lfloor \frac{m}{t} \rfloor} j * \phi(j) \geq \frac{1}{2} m \sum_{j=1}^{\lfloor \frac{m}{Q+1} \rfloor} j * \phi(j)$$

$$= \frac{1}{2} m \frac{2}{\pi^2} \lfloor \frac{m}{Q+1} \rfloor^3 + O((\frac{m}{Q})^2)$$

$$= \Omega(\frac{m^4}{Q^3}).$$

Dabei wurde verwendet, daß $\sum_{j=1}^{k} j\phi(j) = \frac{2}{\pi^2} k^3 + O(k^2)$, vgl. [Fr81]. Auf den Geraden in $R'(t)$ liegen mindestens t Punkte aus dem Gitter $\{1, ..., 2m\}$x$\{1, ..., 2m\}$. Ferner sind die Mengen $R'(t)$

disjunkt. $A(Q)$ ist damit eine untere Schranke für die Anzahl aller Geraden in R', die mehr als Q Punkte enthalten.

Alle vollständigen bipartiten Teilgraphen von G' sind sternförmig. Sei $Q < m$. Um eine bipartite Überdeckung von R'-Knoten mit Grad größer als Q durch maximal Q vollständige bipartite Graphen pro R'-Knoten zu erreichen, muß der durch den R'-Knoten induzierte vollständige bipartite Teilgraph zur Überdeckung gehören. Die Überdeckung umfaßt also mindestens $\Omega(\frac{m^4}{Q^3})$ Teilgraphen. Mit $m = \frac{\sqrt{n}}{2}$ führt das zu einem Zeit-Speicher- Tradeoff von $Q^3 S = \Omega(n^2)$. Für $Q \geq m$ gilt trivial $Q^3 S = \Omega(m^3 \frac{n}{2}) = \Omega(n^{\frac{5}{2}}) = \Omega(n^2)$.

Als unmittelbare Folgerung aus Lemma 1 ergibt sich

Satz 3.3.13 Untere Schranke H-Abzählproblem

Für beliebige, hinreichend große $n \in N$ gibt es eine Menge aus n zur x-Achse senkrechte iso-orientierte Strecken im R^2 bzw. Rechtecke im R^3, die mit Werten aus einer Halbgruppe H versehen sind, so daß für jede H-Abzählstruktur zur Lösung des H-Abzählproblems für Geraden auf diesen Strecken bzw. Rechtecken

$$Q^3 S = \Omega(n^2)$$

gilt, wobei Q die Anfragezeit, S der Speicherbedarf der H-Abzählstruktur ist.

Beweis: Die Eingabemenge X im Beweis zu Lemma 3.3.3 wird durch eine Menge X' von Rechtecken ersetzt. Dazu sei

$$\delta = \min\{\frac{1}{2}d(p,g) : p \in \{1,...,2m\}\mathrm{x}\{1,...,2m\}, \quad g \in R', \quad p \notin g\},$$

d.h. δ ist kleiner als der kleinste Abstand, den ein Gitterpunkt von einer Geraden in R' aus dem Beweis zu Lemma 3.3.3 hat, die nicht durch ihn hindurchgeht. Sei $r(p, \delta)$ das iso-orientierte Rechteck senkrecht zur x-Achse, das p als Schwerpunkt und die Kantenlänge δ hat. Damit wird

$$X' := \{r(p,\delta) : p \in \{1,...,2m\}\mathrm{x}\{1,...,2m\}\}.$$

Die Schnittbeziehung zwischen X' und R' bleibt dieselbe wie für X und R', so daß der bipartite Graph G unverändert bleibt. Damit gilt die Aussage von Lemma 3.3.3 auch hier. Für das 2D H-Schnittabzählproblem wird $r(p,\delta)$ durch die iso-orientierte Strecke senkrecht zur x-Achse ersetzt, die p als Mittelpunkt und die Länge δ hat.

Das inverse H-Schnittabzählproblem für Punkte besteht darin, für eine Menge von Geraden, die mit H-Werten versehen sind, und einen Anfragepunkt p die Summe der H-Werte der Geraden, die p enthalten, zu finden. Durch die Dualitätstransformation

$$T : (a, b) \to y = ax + b$$
$$T' : (y = cx + d) \to (-c, d)$$

wird das H-Schnittabzählproblem in sein Inverses überführt. Eine Lösung des inversen Problems liefert damit unmittelbar die Lösung des Urproblems. Damit gilt

Lemma 3.3.4

Für beliebige, hinreichend große $m \in N$ gibt es eine Menge aus m Geraden, die mit Werten aus einer Halbgruppe H versehen sind, so daß für jede H-Abzählstruktur zur Lösung des H-Schnittabzählproblems für Punkte auf diesen Geraden

$$Q^3 S = \Omega(m^2)$$

gilt, wobei Q die Anfragezeit, S der Speicherbedarf der H-Abzählstruktur ist.

Beweis: siehe oben.

Als unmittelbare Folgerung aus Lemma 3.3.4 ergibt sich

Satz 3.3.14 Untere Schranke inverses H-Schnittabzählproblem

Für beliebige, hinreichend große $m \in N$ gibt es eine Menge aus m Geraden im R^2 bzw. R^3, die mit Werten aus einer Halbgruppe H versehen sind, so daß für jede H-Abzählstruktur zur Lösung des H-Schnittabzählproblems für zur x-Achse senkrechte Strecken bzw. Rechtecke mit zu den Koordinatenachsen parallelen Kanten auf diesen Geraden

$$Q^3 S = \Omega(m^2)$$

gilt, wobei Q die Anfragezeit, S der Speicherbedarf der H-Abzählstruktur ist.

Beweis: Durch Dualisieren erhält man im Beweis von Lemma 3.3.4 m Geraden, die durch m^2 Punkte angefragt werden. Die Punkte werden analog wie im Beweis von Satz 3.3.13 durch so kleine Rechtecke bzw. Strecken ersetzt, daß genau die durch den Punkt gehenden Geraden vom entsprechenden Rechteck geschnitten werden.

3.3.4 Dynamische Datenstrukturen

In den vorigen Kapiteln wurden Anfrageprobleme dadurch gelöst, daß die Eingabemenge in eine Datenstruktur vorverarbeitet wurde, mit der dann eine Folge beliebiger Anfragen effizient beantwortet werden konnte. Wir sind nun an Datenstrukturen interessiert, bei denen eine Folge von Einfüge-, Lösch- und Anfrageoperationen effizient auszuführen ist. Es werden Datenstrukturen gesucht, die dynamisch veränderbar sind. Der Aufwand solcher Datenstrukturen für n Elemente wird gemessen durch

$Q(n) :=$ Zeit zum Beantworten einer Anfrage,
$I(n) :=$ Zeit zum Einfügen eines neuen Elements,
$D(n) :=$ Zeit zum Entfernen eines Elements.

Es sind verschiedene Methoden bekannt, mit denen statische Datenstrukturen dynamisiert werden können. Die Einfügeoperation der dynamischen Datenstruktur baut auf der Vorverarbeitungsroutine der statischen Struktur auf. Bezüglich der Löschoperation wird für statische Datenstrukturen eine schwache Löschroutine vorausgesetzt.

Definition 3.3.24 Schwaches Entfernen

Ein Verfahren zum Löschen eines Elements aus einer Datenstruktur mit n Elementen heißt schwach, wenn nach Löschen von $\beta*n$ Elementen ($\beta < 1$) die Datenstruktur über den verbleibenden m Elementen eine Anfrage in $k_\beta * Q(m)$ Zeit beantwortet werden kann, wobei k_β nur von β abhängt und $Q(m)$ die Anfragezeit für eine Struktur dieses Typs für m Elemente ist, auf der kein Element gelöscht wurde.

Damit gilt:

Lemma 3.3.5 [OL81]

Sei S eine statische Struktur mit einer schwachen Löschroutine für ein zerlegbares Suchproblem. Ferner sei f eine glatte Funktion. Dann kann S in eine dynamische Struktur S' transformiert werden, für die gilt:

$$Q_{S'}(n) = O(f(n)) * Q_S(n)$$

$$D_{S'}(n) = O(D_S(n) + \log n + \frac{P_S(n)}{n})$$

$$I_{S'}(n) = \begin{cases} O(\frac{\log n}{\log(\frac{f(n)}{\log n})})\frac{P_S(n)}{n}) & \text{fuer } f(n) = \Omega(\log n) \\ O(f(n)n^{\frac{1}{f(n)}}\frac{P_S(n)}{n}) & \text{fuer } f(n) = O(\log n), \end{cases}$$

$$S_{S'}(n) = O(S(n)).$$

Im folgenden werden die H-KPL$_i$- bzw. H-KS$_i$-Strukturen zur Lösung des H-Schnittabzählproblems für Geraden auf iso-orientierten Rechtecken im R^3 und sein Inverses mit diesem Verfahren dynamisiert. Die Absicht ist, die Ergebnisse dann mit einer aus den Untersuchungen von Fredman [Fr81] abgeleiteten unteren Schranke zu vergleichen, um einen weiteren Anhaltspunkt für die Bewertung der Qualität dieser Datenstrukturen zu bekommen.

Um Lemma 3.3.5 anwenden zu können, werden Verfahren zum schwachen Löschen in den H-KPL$_i$- bzw. H-KS$_i$- Strukturen benötigt. Zum Löschen eines Objekts sind alle H-Variablen zu verändern, zu deren Wert es beiträgt. H-Variablen treten in den Strukturen in Teilstrukturen auf, die H-Bereichsbäume, H-Segmentbäume und H-Konjugationsbäume sind.

Definition 3.3.25 Schwaches Entfernen aus H-Bereichsbäumen

Die Werte der H-Variablen der inneren Knoten eines H-Bereichsbaums ergeben sich als Summe der H-Werte seiner Söhne. Der Wert der H-Variablen eines Blatts entspricht dem H-Wert des ihm entsprechenden Objekts. Ein Objekt wird gelöscht, indem das entsprechende Blatt (bzw. die Blätter für 2D Bereichsbäume) entfernt wird und die H-Variablen vom Blatt zur Wurzel durch Aufsummieren der H-Werte ihrer Söhne aktualisiert werden.

Definition 3.3.26 Schwaches Entfernen in H-Segmentbäumen

Zum effizienten schwachen Löschen in H-Segmentbäumen ist eine Erweiterung dieser Struktur nötig. Für jeden Knoten wird die entsprechende Segmentmenge zusätzlich explizit als 1D H-Bereichsbaum abgespeichert. Als Schlüssel dient das Paar aus linkem und rechtem Endpunkt des Segments, lexikographisch sortiert. Der H-Wert der Wurzel dieser Bäume stimmt dann offensichtlich mit dem H-Wert des ursprünglichen H-Segmentbaums an diesem Knoten überein. Der Speicheraufwand des erweiterten H-Segmentbaums ist $O(n \log n)$, im Gegensatz zu $O(n)$ für das Original. Der Speicheraufwand für die H-KPL$_i$- und H-KS$_i$-Strukturen wächst durch Verwenden des erweiterten H-Segmentbaums höchstens um einen logarithmischen Faktor.

Zum schwachen Löschen eines Segments im erweiterten H-Segmentbaum werden die Knoten bestimmt, in denen das Segment gespeichert ist. Aus diesen wird das Segment mit der Löschroutine für 1D H-Bereichsbäume entfernt und die H-Werte im Binärbaum auf den neuen Stand gebracht.

Definition 3.3.27 Schwaches Entfernen aus H-Konjugationsbäumen

Jeder Punkt wird genau einmal als Element einer Trenngeraden abgespeichert. Der entsprechende Knoten enthält eine H-Variable mit seinem Wert. Diese H-Variable wird entfernt und die H-Werte der Knoten auf dem Pfad von diesem Knoten zur Wurzel durch Aufsammeln der H-Werte der Söhne neu berechnet.

Für den Aufwand dieser Löschroutinen gilt

Lemma 3.3.6

Der Aufwand zum schwachen Entfernen eines Objekts ist

- für 1D H-Bereichsbäume: $D'(n) = O(\log n)$

- für 2D H-Bereichsbäume: $D'(n) = O(\log^2 n)$

- für erweiterte H-Segmentbäume: $D'(n) = O(\log^2 n)$

- für H-Konjugationsbäume: $D'(n) = O(\log n)$.

Beweis: unmittelbar.

Satz 3.3.15 Dynamisches H-Schnittabzählproblem

Es gibt eine dynamische Datenstruktur für das H-Schnittabzählproblem für Geraden auf Rechtecken, die das Ausführen einer Folge von n Einfüge-, Lösch- und Anfrageoperationen in Zeit

$$T(n) = O(n^{1+\frac{2\alpha}{\alpha+2}} \log^4 n), \quad \alpha = \log \frac{1+\sqrt{5}}{2}$$

erlaubt.

Beweis: Es werden die H-KPL$_i$-Strukturen von Satz 3.3.11 verwendet. Um Lemma 3.3.5 anwenden zu können, wird noch das schwache Entfernen von Rechtecken benötigt. Dazu wird ein Rechteck zunächst aus den Resten der Konjugationsbäume auf Stufe 4 entfernt, soweit ein von ihm induzierter Punkt als Trenngeradenpunkt gespeichert ist. Die Knoten, in denen das passiert, können mit Aufwand $O(i^4)$ gefunden werden. Das geschieht durch Durchlaufen eines Pfades in dem von dort verwiesenen Baum auf Stufe 2 und so weiter. Die H-Werte der Konjugationsbäume auf Stufe 4 werden wie in Def. 3.3.27 beschrieben aktualisiert. Die Rechtecke, die nicht bei Trenngeraden gespeichert sind, treten in den PL-Strukturen auf. Sie werden dort gelöscht und der neue H-Wert der in ihnen gespeicherten Rechtecke zurückgegeben. Diese Änderung pflanzt sich vom entsprechenden Blatt zur Wurzel des entsprechenden Konjugationsbaums der Stufe 4 fort. Insgesamt werden $O(i^3)$ PL-Strukturen verändert, die für die Aktualisierung des Pfades $O(i)$ Aufwand induzieren. Insgesamt wird für die Aktualisierung des Konjugationsbaumanteils ein Aufwand von

$$D_0(i) = O(i^4)$$

betrieben.

Es bleibt der Aufwand zum Löschen in den H-PL-...-Strukturen. Für eine solche Struktur gilt, vgl. Def. 3.3.22,

- auf Stufe 1: Entfernen eines Rechtecks aus dem zweifach geschachtelten H-PL-Segmentbaum aus Satz 3.3.8. Mit Lemma 3.3.6 erhält man

$$D_1(i,n) = O((\frac{n}{2^i})^2 \log^3 \frac{n}{2^i}).$$

- auf Stufe 2: Entfernen eines Rechtecks aus der Schachtelung eines H-PL-Segmentbaums und eines H-PL-Bereichsbaums. Mit Lemma 3.3.6 gibt das

$$D_2(i,n) = O((\frac{n}{2^i})^2 \log^2 \frac{n}{2^i}).$$

- auf Stufe 3: Entfernen eines Rechtecks aus einem H-PL- Segmentbaum. Mit Lemma 3.3.6 gilt

$$D_3(i,n) = O(\frac{n}{2^i} \log^2 \frac{n}{2^i}),$$

- auf Stufe 4: Entfernen eines Rechtecks aus einem H-PL-Bereichsbaum. Mit Lemma 3.3.6 gilt

$$D_4(i,n) = O(\frac{n}{2^i} \log \frac{n}{2^i}).$$

Der Gesamtaufwand ergibt sich aus

$$D_i(n) = D_0(i) + \sum_{j=1}^{4} (i+1)^{j-1} D_j(i,n)$$

Für die Dynamisierung wird $i := \frac{2}{\alpha+2} \log n$ gesetzt. Mit Satz 3.3.11 und Lemma 3.3.5 mit $k(n) = \log n$ erhält man

$$Q'(n) = O(n^{\frac{2\alpha}{\alpha+2}} \log^4 n),$$
$$D'(n) = O(n^{\frac{2\alpha}{\alpha+2}} \log^3 n),$$
$$I'(n) = O(n^{\frac{2\alpha}{\alpha+2}} \log^4 n),$$

woraus sich die Behauptung ergibt.

Analog läßt sich die folgende Aussage über das dazu inverse Problem herleiten:

Satz 3.3.16 Inverses dynamisches H-Schnittabzählproblem

Es gibt eine dynamische Datenstruktur für das H-Schnittabzählproblem für Rechtecke auf Geraden, die das Ausführen einer Folge von m Einfüge-, Lösch- und Anfrageoperationen in Zeit

$$T(m) = O(m^{1+\frac{\alpha}{\alpha+1}} \log^4 m), \quad \alpha = \log \frac{1+\sqrt{5}}{2},$$

erlaubt.

Beweis: Hier werden die H-KS$_i$-Strukturen aus Satz 3.3.12 eingesetzt. Durch analoge Überlegungen wie im Beweis des vorigen Satzes erhält man einen Zeitaufwand von

$$D_0(i) = O(i^2),$$

um den zweifach geschachtelten Konjugationsbaum beim Entfernen einer Geraden zu aktualisieren.

Der Aufwand zum Löschen in den H-S-...-Strukturen ergibt sich mit Lemma 3.3.6 und Def. 3.3.18

- auf Stufe 1 zu $D_1(i, m) = O(\frac{m}{2^i} \log \frac{m}{2^i} \log^2 \frac{m}{2^i})$,

- auf Stufe 2 zu $D_2(i, m) = O(\frac{m}{2^i} \log \frac{m}{2^i} \log \frac{m}{2^i})$.

Der Gesamtaufwand ist

$$D_i(m) = D_0(i) + D_1(i, m) + i * D_2(i, m)$$
$$= O(i^2 + (\log^3 \frac{m}{2^i} + i * \log^2 \frac{m}{2^i}) * \frac{m}{2^i}).$$

Für die Dynamisierung wird $i := \frac{1}{\alpha+1} \log m$, $\alpha = \log \frac{1+\sqrt{5}}{2}$, gesetzt. Mit Satz 3.3.12 und Lemma 3.3.5 mit $f(m) = \log m$ erhält man

$$Q'(m) = O(m^{\frac{\alpha}{\alpha+1}} \log^4 m)$$
$$D'(m) = O(m^{\frac{\alpha}{\alpha+1}} \log^3 m)$$
$$I'(m) = O(m^{\frac{\alpha}{\alpha+1}} \log^4 m).$$

Die in den vorigen Sätzen verwendeten Datenstrukturen sind dynamische Abzählstrukturen im Sinne von Fredman [Fr81]. Eine derartige Datenstruktur verfügt über abzählbar viele H-Variablen $v_0, v_1, v_2, \ldots$. Beim Einfügen, Löschen und Anfragen sind die einzigen zulässigen Operationen $v_i := v_j + v_k$, $v_i := cv_j$, c eine natürliche Zahl, OUTPUT $:= v_i$ und $v_i :=$ INPUT. Damit die Abzählstruktur unabhängig von der Wahl von H arbeitet, sind die anderen Operationen mit v_i verboten.

Die Datenstruktur besitzt eine unendliche Menge von Zuständen Z. Zu jedem Zeitpunkt befindet sich die Datenstruktur in einem Zustand aus Z. Wenn ein Element (k, h), k der Schlüssel, h der H-Wert, in die Datenstruktur eingefügt werden soll, wird zunächst $v_i := $ IN-PUT ausgeführt, wonach v_i den Wert h hat. Ferner ändert die Datenstruktur ihren Zustand und es wird eine Folge von Operationen auf den H-Variablen der Datenstruktur ausgeführt. Der Endzustand q sowie die auszuführende Operationsfolge σ sind durch den augenblicklichen Zustand p und den Schlüssel k bestimmt, d.h. es gibt eine Funktion F_I mit $F_I(p, k) = (q, \sigma)$. Wenn ein Element (k, h) gelöscht wird, findet eine Änderung des Zustands statt und es wird eine Operationsfolge auf den H-Variablen durchgeführt. Der Ergebniszustand q und die Operations-folge σ sind durch den aktuellen Zustand p und den Schlüssel k bestimmt, d.h. $(q, \sigma) = F_D(p, k)$. Wenn eine Anfrage ausgeführt wird, die durch einen Bereich $r \in R$ gegeben ist, wird der Zustand geändert und eine Operationsfolge auf den H-Variablen ausgeführt. Diese sind vom aktuellen Zustand und r abhängig, d.h. $(q, \sigma) = F_Q(p, r)$.

Für die Herleitung von unteren Schranken wird nun die Anzahl der Operationen auf den H-Werten gezählt, sonstige Operationen, wie sie bei Abzählstrukturen vorkommen können, werden nicht gezählt. Das folgende zentrale Lemma stellt eine Verbindung zwischen diesem Berech-nungsmodell und der Struktur des Problems her.

Lemma 3.3.7 [Fr81]

Sei (X, R, H) ein Bereichsanfrageproblem, n eine natürliche Zahl. Seien $k_1,...,k_m$ Schlüssel in X und $r_1,...,r_m$ Gebiete in R, $m \leq n/3$. Sei G der bipartite Graph mit $V(G) = X \cup R$, $E(G) = \{\{x, r\} : x \in X, r \in R\}$. Ferner habe jede Kante $e \in E(G)$ ein nichtnegatives Gewicht w_e mit

$$\sum_{e \in E(P)} w_e \leq |V(P)|$$

für jeden vollständigen bipartiten Teilgraphen P von G. Dann gibt es für jede Datenstruktur, die (X, R, H) löst, eine Folge von n Operationen (Einfügen, Entfernen, Anfrage), die einen Gesamtaufwand von mindestens

$$\sum_{e \in E(G)} \frac{w_e}{4}$$

erfordern, falls sie mit der leeren Datenstruktur beginnend ausgeführt werden.

Mit diesem Lemma ergibt sich

Lemma 3.3.8 [Fr81]

Für jede dynamische Abzählstruktur, die das H-Halbebenenabzählproblem löst, gibt es eine Folge von n Operationen, die mindestens $\Omega(n^{\frac{3}{4}})$ Zeit benötigt.

Satz 3.3.17 Untere Schranke dyn. H-Schnittabzählproblem

Für jede dynamische Datenstruktur, die das H-Schnittabzählproblem für Geraden auf iso-orientierten Strecken in der Ebene bzw. auf iso-orientierten Rechtecken im Raum löst, gibt es eine Folge von n Operationen, die mindestens $\Omega(n^{\frac{4}{3}})$ Zeit benötigt. Dasselbe gilt für die dazu inversen Probleme.

Beweis: Diese Probleme werden analog wie im Beweis von Satz 3.3.13 und Lemma 3.3.4 auf die Konstruktion im Beweis von Lemma 3.3.8 reduziert, der in [Fr81] zu finden ist.

3.3.5 Makroszenen

Die Makrotechnik erlaubt es, mit geringem Beschreibungsaufwand umfangreiche Szenen zu generieren. Das geschieht dadurch, daß eine Menge von Objekten zu einem neuen Objekt zusammengefaßt wird. Dieses Objekt wird nun wie ein elementares Objekt behandelt, d.h. es kann Bestandteil von anderen Szenen sein. Dabei kann es noch Transformationen wie Rotation oder Skalierung unterworfen werden. Von der entwurfstechnischen Seite geschieht die Spezifikation einer Makroszene dadurch, daß die Unterszenen mit Bezeichnern versehen werden. Die Verwendung einer Unterszene geschieht über diesen Bezeichner und der Angabe einer Transformation. Das in Kap. 2 vorgestellte Dateiformat enthält diese Spezifikationstechnik. Die im folgenden verwendeten Szenen sind nach dieser Syntax formuliert.

Da nur endliche Szenen erwünscht sind, ist es verboten, daß eine Unterszene als direkte oder indirekte Unterszene von sich selbst auftritt. Makroszenen sind also hierarchisch und können durch einen Hierarchiebaum dargestellt werden.

Die Vorverarbeitung von Makroszenen zur Beantwortung einer Strahlanfrage kann nun so aussehen, daß jede Unterszene in eine passende Datenstruktur, etwa so wie in Kap. 3.2 oder 3.3.1 - 4, vorverarbeitet wird. Die Objekte einer Unterszene sind dabei durch die Quaderhüllen ihrer Unterszenen bzw. die in ihr unmittelbar enthaltenen Elementarobjekte repräsentiert. Der dafür benötigte Speicherplatz ist linear in der Größe der Eingabe. Die Anfragezeit ist $\sum_i q|S_i|)$, wobei über die durchlaufenen Szenen aufsummiert wird, q die Zeit zur Beantwortung einer Anfrage in einer elementaren Szene. Hinzu kommt noch die Zeit zur Transformation des Strahls. Insgesamt kann der Zeitaufwand in der Größe der Eingabe gemessen recht hoch werden, ja sogar exponentiell sein. Eine starke Unterstützung der Annahme, daß das nicht nur an dem gerade skizzierten Algorithmus liegt, gibt der folgende

Satz 3.3.18

Das Schnittexistenztestproblem für eine Gerade mit einer Makroszene aus iso-orientierten Rechtecken im R^3 ist NP-vollständig.

Beweis: Der Beweis ist analog zu dem von Satz 4.3 in [Wi83]. Das Schnittexistenztestproblem ist in NP, da es für einen beliebigen geratenen Pfad des Hierarchiebaums der Szene möglich ist, in polynomieller Zeit zu entscheiden, ob die Gerade einen nichtleeren Schnitt mit der entsprechenden Teilszene hat. Der Beweis der NP-Schwierigkeit erfolgt durch Reduktion des Teilsummenproblems auf Schnittexistenztest. Das Teilsummenproblem ist NP-vollständig [GJ79] und ist so definiert:

Definition 3.3.23 Teilsummenproblem

Eingabe: n natürliche Zahlen $w_1, ..., w_n$, eine natürliche Zahl T.

Ausgabe: "Ja", falls es eine Teilmenge J von $\{1, ..., n\}$ gibt, so daß $\sum_{i \in J} w_i = T$

Die Reduktion einer beliebigen Eingabe des Teilsummenproblems geschieht so, daß ein 2x2-Quadrat beim doppelten Wert jeder Teilmengensumme entlang der y-Achse placiert wird. Das Teilsummenproblem hat genau dann eine Lösung, wenn die Anfragegerade ein Rechteck dieser Szene schneidet. Die Anfragegerade ist parallel zur z-Achse und geht durch den Punkt $(1, 2T + 1, 0)$. Eine Beschreibung der Szene im Dateiformat aus Kap. 2.1.3 kann so aussehen:

```
SZENE S0
   P4  0 0 0   0 2 0   2 2 0   2 0 0

SZENE S1
   USZ S0   TR 0 0 0
   USZ S0   TR 0 2w_1 1
   ...
SZENE Si
   USZ S[i-1]  TR 0 0 0
   USZ S[i-1]  TR 0 2w_i   2^{i-1}
   ...
SZENE Sn
   USZ S[n-1]  TR 0 0 0
   USZ S[n-1]  TR 0 2w_n   2^{n-1}
```

Korollar

Die Berechnung der Anzahl der von einem Stahl geschnittenen Objekte einer Makroszene ist NP-schwierig.

Die Suche nach einem ersten von einem Strahl getroffenen Objekt scheint noch schwieriger zu sein:

Satz 3.3.19

Das Problem des ersten Auftreffpunkts für einen Strahl auf einer Makroszene aus iso-orientierten Rechtecken im R^3 ist nicht in NP, falls $NP \neq co-NP$. Ferner ist dieses Problem NP-schwierig.

Beweis: Das Schnittexistenztestproblem für eine Gerade ist unmittelbar in polynomieller Zeit auf das Finden eines ersten Auftreffpunktes reduzierbar. Die Gerade wird in zwei Strahlen zerlegt. Genau dann, wenn es für einen der Strahlen einen Auftreffpunkt gibt, schneidet die Gerade. Also ist auch dieses Problem NP-schwierig.

Daß das Finden eines ersten Auftreffpunktes nicht in NP liegt, falls $NP = co-NP$, sieht man über das entsprechende Entscheidungsproblem ein:

$L := \{(S, r, p):\ S$ eine Makroszene, r ein Strahl, p ein erster Auftreffpunkt von r in S, dargestellt durch den Pfad der Teilszene von S, in der der Auftreffpunkt liegt, d.h. $p \in r \cap S \wedge (\bigwedge q)(q \in r \cap S \rightarrow p \leq q\}$.

Falls das ursprüngliche Problem in NP wäre, würde das auch für L gelten. Es wird nun gezeigt, daß das Komplementproblem

$L^- := \{(S, r, p):\ S, r$ wie oben, p kein Auftreffpunkt oder p Auftreffpunkt, aber nicht nächster Auftreffpunkt, d.h. $p \notin r \cap S \vee (\bigvee q)(q \in r \cap S \wedge p > q\}$

NP-vollständig ist. (Als Sprache betrachtet ist das Komplementproblem umfangreicher, d.h. es hält noch syntaktisch inkorrekte Angaben. Die syntaktische Korrektheit ist in polynomieller Zeit entscheidbar.) Nach Satz 7.2 [GJ79] kann L nicht in NP liegen, falls $NP \neq co - NP$. Dieser sagt aus, daß $NP = co - NP$, falls es ein NP-vollständiges Problem mit Komplement in NP gibt.

Zunächst ist L^- in NP, da nach Raten eines Pfades in polynomieller Zeit verifiziert werden kann, ob der geratene Auftreffpunkt näher liegt. Die NP-Schwierigkeit von L^- wird durch Reduktion des Teilsummenproblems bewiesen. Diesmal werden Rechtecke mit x- und y-Länge $= 2$ für das doppelte jeder Teilsumme entlang der z-Achse placiert, ferner ein spezielles Rechteck R dieser Ausdehnung an Position $(0, 0, 2T - 1)$. Der Anfangspunkt des Strahls liegt bei $(1, 1, 2T + 1)$. Er ist parallel zur z-Achse und zeigt in Richtung negativer z-Achse. Dann hat das Teilsummenproblem eine Lösung, falls der erste Auftreffpunkt nicht auf R liegt. Insgesamt ist L^- NP-vollständig und damit L nicht in NP, falls $NP \neq co - NP$.

3.3.6 Zusammenfassung

Im folgenden ist $\alpha = \log \frac{1+\sqrt{5}}{2}$, P die Vorverarbeitungszeit, S der Speicherbedarf, Q die Anfragezeit und T die Gesamtzeit.

3D H-Schnittabzählproblem:

statisch:

	polylog Speicher (Satz 3.3.3)	polylog Zeit (Satz 3.3.8)
P	$O(n \log^4 n)$	$O(n^3 \log^2 n)$
S	$O(n \log^3 n)$	$O(n^3 \log n)$
Q	$O(n^\alpha \log^3 n)$	$O(\log^2 n)$

Zeit-Speicher-Tradeoff:

obere Schranke	$Q^{\frac{2}{\alpha}} * S = O(n^3 \text{polylog} n)$	(Satz 3.3.11)
untere Schranke	$Q^3 * S = \Omega(n^2)$	(Satz 3.3.13)

dynamisch:

obere Schranke	$T = O(n^{1+\frac{2\alpha}{\alpha+2}} \log^4 n)$	(Satz 3.3.16)
untere Schranke	$T = \Omega(n^{1+\frac{1}{3}})$	(Satz 3.3.17)

Inverses 3D H-Schnittabzählproblem

statisch:

	polylog Speicher (Satz 3.3.4)	polylog Zeit (Satz 3.3.10)
P	$O(m \log^2 m)$	$O(m^2 \log^2 m)$
S	$O(m \log m)$	$O(m^2 \log^2 m)$
Q	$O(m^\alpha \log m)$	$O(\log^3 m)$

Zeit-Speicher-Tradeoff:

obere Schranke	$Q^{\frac{1}{\alpha}} * S = O(m^2 \text{polylog} m)$	(Satz 3.3.12)
untere Schranke	$Q^3 * S = \Omega(m^2)$	(Satz 3.3.14)

dynamisch:

obere Schranke	$T = O(m^{1+\frac{\alpha}{\alpha+1}} \log^4 m)$	(Satz 3.3.16)
untere Schranke	$T = \Omega(m^{1+\frac{1}{3}})$	(Satz 3.3.17)

3D Schnittaufzählproblem

statisch:

	polylog Speicher (Satz 3.3.3)	polylog Zeit (Satz 3.3.9)
P	$O(n \log^4 n)$	$O(n^3 \log n)$
S	$O(n \log^4 n)$	$O(n^3)$
Q	$O(n^\alpha \log^3 n + I)$	$O(\log n + I)$

3.4 Allgemeine Szenen

Eine Szene setzt sich aus einer Menge von Flächen zusammen. In Kap. 3.3 sind diese Flächen iso-orientierte Rechtecke. Diese sind besonders günstig, da sie eine Reduktion auf einfachere Probleme durch Projektion ermöglichen. Die in Kap 3.2 vorgestellten Datenstrukturen, die Gitterstrukturen und der Hüllenbaum, erlauben es, beliebige Flächentypen zu bearbeiten, allerdings mit einem schlechten Worst-Case-Verhalten. In diesem Kapitel wird eine Übersicht über Möglichkeiten zur Verbesserung des Worst-Case-Verhaltens für allgemeinere Flächentypen gegeben, die allerdings von mehr theoretischem als praktischem Interesse sind. Es handelt sich um Flächen, die beschrieben sind durch Funktionen

$$F : R^s \mathrm{x} R^3 \to R, \quad K_i : R^s \mathrm{x} R^3 \to R, \ i = 1, ..., r$$

$$F(p_1, ..., p_s, x, y, z) = 0,$$

$$K_i(p_1, ..., p_s, x, y, z) \leq 0, \quad i = 1, ..., r.$$

Die Funktion F legt eine Fläche im dreidimensionalen x-y-z-Raum fest, auf der die Funktionen K_i eine Einschränkung definieren.

Die Schnittbedingung mit einer Geraden $y = ax + b, z = cx + d$ lautet

$$I(p_1, ..., p_s, a, b, c, d) :=$$

$$(\bigvee_x)(F(p_1, ..., p_s, x, ax + b, cx + d) = 0$$

$$\wedge \bigwedge_{i=1}^{r} K_i(p_1, ..., p_s, x, ax + b, cx + d) \leq 0).$$

Die Schnittbedingung I kann nun explizit für alle Paare von Objekten und Strahlen ausgewertet werden. Eine zweite Lösungsmöglichkeit ist, die Objekte so vorzuverarbeiten, daß beliebige Strahlanfragen schnell zu beantworten sind. Für feste $p_1, ..., p_s$ definiert

$$M := \{(a, b, c, d) : I(p_1, ..., p_s, a, b, c, d) = \mathrm{TRUE}\}$$

eine Punktmenge im R^4. Diese Punktmengen sind nun so vorzuverarbeiten, daß für einen beliebigen Anfragepunkt (a, b, c, d) festgestellt werden kann, ob er in einer Punktmenge liegt, oder daß die Anzahl der Punktmengen, in denen er liegt, zurückgegeben wird, oder daß alle Punktmengen aufgezählt werden, in denen er liegt. Diese Vorverarbeitung kann so aussehen, daß die durch die Mengen M induzierte Zerlegung des R^4 bestimmt wird, d.h. die Mengen der Form $\bigcap_M M^*$, wobei $* \in \{+, -\}$ und $M^+ := M$, $M^- :=$ Komplement von M. Das nun zu lösende Problem ist ein Punktlokalisationsproblem in einer Zerlegung des R^4. Die Komplexität dieses Problems hängt vom Typ der Funktionen F und K_i ab. Ist beispielsweise F linear in x, y, z, dann läßt sich x so aus I eliminieren, daß ein System von Ungleichungen

$$K_i'(p_1, ..., p_s, a, b, c, d) \leq 0, i = 1, ..., r$$

übrigbleibt, wobei die K_i' Polynome in den angegebenen Koeffizienten sind. Diese Systeme induzieren eine Zerlegung des R^4 durch Polynome. Zur Lösung des entstehenden Punktlokalisationsproblems wurde von Chazelle [Ch85] ein Algorithmus angegeben, der in $O(n^{1024})$ Vorverarbeitungszeit eine Datenstruktur der Größe $O(n^{1024})$ generiert, mit dem eine Punktanfrage in $O(\log n)$ Zeit beantwortet werden kann. In die Konstanten des Speicherplatzes und der Vorverarbeitungszeit geht noch der Grad der Polynome ein.

Die dritte Möglichkeit führt auf eine speichereffiziente Lösung. Jedes Objekt wird durch eine Punkt im R^s repräsentiert, nämlich

$$(p_1, ..., p_s)$$

Für feste a, b, c, d ist ein Bereich

$$R(a, b, c, d) := \{p \in R^s : I(p, a, b, c, d) = \text{TRUE}\}$$

definiert. Die Aufgabe ist es, herauszufinden, ob Objektpunkte in einem solchen Anfragebereich liegen, oder die Anzahl der Objektpunkte in diesem Bereich, oder die Punkte in diesem Bereich aufzulisten. Dieses ist ein typisches Bereichsanfrageproblem. Ist F linear in x, y, z, dann hat dieser Bereich die Form

$$K_i'(p_1, ..., p_s, a, b, c, d) \leq 0, \quad i = 1, ..., r, \quad a, b, c, d \text{ fest}.$$

Die K_i' sind dabei Polynome in den angegebenen Koeffizienten. Von A.C. Yao und F.F. Yao [Ya85] wurde gezeigt, daß die Objektmenge so in eine Datenstruktur der Größe $O(n)$ vorverarbeitet werden kann, daß eine Anfrage in $O(n^\beta)$ Zeit für eine Konstante $\beta < 1$ beantwortet werden kann. Die Konstante hängt dabei vom Anfragebereichstyp ab. Für den allgemeinen Fall wird die Konstante β in [Ya85] nicht explizit angegeben. Falls die Anfrage nur aus einer bilinearen Gleichung oder Ungleichung besteht, ist $\beta = \frac{\log(2^d - 1)}{d}$, d die Dimension des Objektpunktraums, d.h. β ungefähr $1 - \frac{1}{d * 2^d}$, also sehr nahe an 1. Das der linearen Datenstruktur zugrundeliegende Prinzip ist das der iterierten Raumaufteilung, das ähnlich wie der Konjugationsbaum eine ausgeglichene Raumaufteilung induziert.

Die Resultate aus Kap. 3.3 zeigen, daß für iso-orientierte Rechtecke Geradenanfragen noch mit recht gutem Worst-Case-Aufwand zu lösen sind. Die oben gegebene Übersicht zeigt auf der anderen Seite, daß bei komplexen Flächen die Worst-Case- Lösbarkeit sehr ungünstig werden kann. Für die Praxis bieten sich als Ausweg die in Kap. 3.2 angebotenen, für große Szenenklassen recht gut arbeitenden Strukturen an.

4. Bilderzeugung

4.1 Bilderzeugungstrategien

Zentrale Aufgabe des in Kap. 2 vorgestellten Strahlverfolgungsverfahrens war die Suche eines ersten Auftreffpunktes eines Strahls in der Szene. In Kap. 3 wurden Datenstrukturen und Algorithmen zur Lösung dieser Aufgabe und damit verbundener Probleme angegeben. Die Vorgehensweise war dabei, die Szene zunächst in eine Datenstruktur vorzuverarbeiten. In einer zweiten Phase wurden dann die Anfragen beantwortet. Diese Strategie auf das Strahlverfolgungsverfahren angewendet, liefert den folgenden Algorithmus:

Definition 4.1.1 Algorithmus Strahlverfolgung mit Einzelstrahlabfrage

Eingabe: Eine Szene S aus Flächen im R^3, k Lichtquellen $l_1, ..., l_k$, ein Augenpunkt a, die Bildauflösung $n_x \mathrm{x} n_y$, eine Bildebene.

Ausgabe: ein $n_x \mathrm{x} n_y$-Rasterbild

Datenstrukturen:

VAR Image: ARRAY$[1..n_x, 1..n_y]$ OF Intensity;
     D_S: eine Datenstruktur, in die die Szene S zum Finden eines ersten Auftreffpunkts für beliebige Strahlen vorverarbeitet wird.

Unteralgorithmus SucheSchnittObjekt(D_S, V,gefunden,p', F);
    {liefert "gefunden = TRUE", falls der Strahl V ein Objekt schneidet.
    p' ist der erste Auftreffpunkt, F das getroffene Objekt}

Unteralgorithmus SzenenVorverabeitung(D_S, S);
    {fügt die Szene S in die Datenstruktur D_S ein}

Unteralgorithmus Raytrace(D_S, V, I);
    {liefert die für den Strahl V zu berechnende Intensität I}

```
BEGIN
    SucheSchnittObjekt(D_S, V,gefunden,p, F);
    IF gefunden THEN BEGIN
        FOR i := 1 TO k DO BEGIN
            L:= der Strahl von p zur Lichtquelle l_i;
            SucheSchnittObjekt(D_S, L,gefunden,q, F);
            IF NOT gefunden THEN
                I:= neue Intensität, berechnet aus dem alten I-Wert und der von
                    l_i einfallenden Intensität durch Auswerten der Beleuchtungsformel
        END;
```

```
    IF F spiegelnd THEN BEGIN
        R' := der von p ausgehende Reflexionsstrahl zu V
                nach dem Reflexionsgesetz;
        Raytrace(D_S, R', I');
        I := neue Intensität, berechnet aus dem alten I-Wert
                und der Intensität I'
    END;

    IF F durchsichtig THEN BEGIN
        R' := der von p ausgehende Brechungsstrahl zu V
                nach dem Brechungsgesetz;
        Raytrace(D_S, R', I');
        I := neue Intensität, berechnet aus dem alten I-Wert
                und der Intensität I'
    END
  END
END;
```

Hauptalgorithmus

```
BEGIN
    SzenenVorverarbeitung(D_S, S);
    FOR i := 1 TO n_x DO
        FOR j := 1 TO n_y DO BEGIN
            r' := der Sehstrahl vom Augenpunkt durch
                    Mittelpunkt von Pixel [i, j] auf der Bildebene;
            Raytrace(D_S, r', Image[i, j])
        END
END.
```

Die Vorverarbeitung ist nur dann lohnend, wenn der Gesamtaufwand, der sich aus dem Vorverarbeitungsaufwand und dem Strahlverfolgungsaufwand zusammensetzt, nicht größer als der Aufwand beim direkten Strahl/Objekt-Schnitt-Test ist. In Kap. 3.3.3 wurde eine Familie von Datenstrukturen zur Lösung des Geradenschnittproblems mit variablem Speicher-Zeit-Tradeoff vorgestellt. Bei diesen Strukturen besteht ein ähnlicher Tradeoff zwischen der Vorverarbeitungszeit und der Anfragezeit. Ist die Anfrageanzahl bekannt, wie das bei der Bilderzeugung durch Strahlverfolgung zumindest größenordnungsmäßig der Fall ist, läßt sich die bzgl. des Gesamtaufwands minimale Datenstruktur herausfinden.

Satz 4.1.1 H-Schnittabzählproblem

Sei $m, n \in N, n^{1-\alpha} < m < n^3$. Es gibt eine Datenstruktur für das H-Schnittabzählproblem auf n zur x-Achse senkrechten, iso-orientierten Rechtecken, die mit Werten aus einer Halbgruppe H versehen sind, so daß m Geradenanfragen in einer Gesamtzeit von

$$T(n,m) = O(m^{\frac{2}{\alpha+2}} n^{\frac{3\alpha}{\alpha+2}} \mathrm{polylog}(m)\mathrm{polylog}(n))$$

beantwortet werden. Der Speicherbedarf ist

$$S(n,m) = O(m^{\frac{2}{\alpha+2}} n^{\frac{3\alpha}{\alpha+2}} \mathrm{polylog}(m)\mathrm{polylog}(n)).$$

Beweis: Es werden die H-KPL$_i$-Strukturen aus Satz 3.3.11 angewendet. Für $i = \frac{3\log n - \log m}{2+\alpha}$ folgt die Aussage aus $T(n,m) = P(n) + m * Q(n)$. Die Einschränkung an m und n folgt aus $0 < i < \lceil \log n \rceil$.

Zumindest für iso-orientierte Rechtecke hat sich das inverse 3D H-Schnittabzählproblem als günstiger lösbar als das Originalproblem erwiesen. Das Anwenden dieser Strategie setzt voraus, daß die Strahlen generationsweise abgearbeitet werden.

Definition 4.1.2 Algorithmus Generationsweise Strahlverfolgung

Eingabe: Eine Szene S aus Flächen im R^3, k Lichtquellen $l_1, ..., l_k$, ein Augenpunkt a, die Bildauflösug $n_x \mathrm{x} n_y$, eine Bildebene.

Ausgabe: ein $n_x \mathrm{x} n_y$-Rasterbild.

Datenstrukturen:

VAR Image: ARRAY[$1..n_x$,$1..n_y$] OF Intensity;
    D_R: eine Datenstruktur, in die eine Generation von Strahlen zum effizienten Auffinden eines Schnittpunktes mit einer beliebigen Fläche vorverarbeitet wird;

Unteralgorithmus StrahlVorverarbeitung(D_R,R);
    {fügt die Strahlenmenge R in D_R ein }

Unteralgorithmus GenerationRaytrace
    {liefert für eine Generation von Strahlen in D_R die zu berechnenden Intensitätswerte}

Datenstrukturen:
VAR Depth: enthält für jeden Strahl einer Generation den bisher nächsten
    Auftreffpunkt sowie das dazugehörende Objekt;
VAR NonBlocked: enthält Strahlen der Generation, die ein Objekt
    getroffen haben;

Unteralgorithmus SucheSchnittObjekt(D_R, F,Depth);
    {findet in D_R alle von F geschnittenen Strahlen und fügt
    für Schnittpunkte, die näher als die bisher in Depth gespeicherten

am Anfangspunkt eines Strahls liegen, den Schnittpunkt mit F und F
selbst in Depth ein }

```
BEGIN {GenerationRaytrace}
    FOR F ∈ S DO
        SucheSchnittObjekt(D_R, F, Depth);
        FOR i:= 1 TO k DO BEGIN
        R := die Strahlen von den Schnittpunkten in Depth zur Lichtquelle l_i;
        StrahlVorverarbeitung(D_R, R);
        FOR F ∈ S DO BEGIN
            SucheSchnittObjekt(D_R, F, NonBlocked);
            FOR r ∈ NonBlocked DO BEGIN
                I := von der Lichtquelle l_i einfallende Intensität;
                IF I > Mindestintensität THEN
                    Image[i, j] := Image[i, j]+I für das zum
                                   Anfangspunkt von r gehörende Pixel
                ELSE entferne p und den dazugehörenden Strahl aus Depth
            END
        END;

        R := die Reflexionsstrahlen zu den Strahlen in Depth,
             die zu spiegelnden Objekten gehören;
        IF R ≠ ∅ THEN BEGIN
            StrahlVorverarbeitung(D_R, R);
            GenerationRaytrace
        END;

        R := die Brechungsstrahlen zu den Strahlen in Depth,
             die zu durchsichtigen Objekten gehören;
        IF R ≠ ∅ THEN BEGIN
            StrahlVorverarbeitung(D_R, R);
            GenerationRaytrace
        END
END {GenerationRaytrace}


BEGIN {Hauptalgorithmus}
    R := die Sehstrahlen vom Augenpunkt durch die Pixel der Bildebene;
    StrahlVorverarbeitung(D_R, R);
    GenerationRaytrace
END.
```

Für das verwandte inverse H-Schnittabzählproblem führt der Ausgleich zwischen Vorverarbeitungs-
und Anfrageaufwand zu

Satz 4.1.2 Inverses H-Schnittabzählproblem

Sei $m, n \in N$, $m^{1-\alpha} < n < m^2$. Es gibt eine Datenstruktur für das H-Schnittabzählproblem auf m Geraden im R^3, die mit Werten aus einer Halbgruppe H versehen sind, so daß n Anfragen mit zur x-Achse senkrechten Rechtecken, deren Kanten zu den anderen Koordinatenachsen parallel sind, in einer Gesamtzeit von

$$T(n,m) = O(m^{\frac{2\alpha}{1+\alpha}} n^{\frac{1}{1+\alpha}} \mathrm{polylog}(m)\mathrm{polylog}(n))$$

beantwortet werden. Der Speicherbedarf ist

$$S(n,m) = O(m^{\frac{2\alpha}{1+\alpha}} n^{\frac{1}{1+\alpha}} \mathrm{polylog}(m)\mathrm{polylog}(n)).$$

Beweis: Es werden die H-KS$_i$-Strukturen aus Satz 3.3.12 angewendet. Für $i = \frac{2\log m - \log n}{1+\alpha}$ folgt die Aussage aus $T(n,m) = P(m) + n * Q(n)$. Die Einschränkung an m und n folgt aus $0 < i < \lceil \log n \rceil$.

Im inversen Strahlverfolgungsalgorithmus sind sowohl die Strahlen einer Generation als auch die Objekte bekannt. Damit ist die Vorverarbeitungsstrategie dort eigentlich nicht notwendig. Im folgenden Kapitel wird ein "geschlossener" Algorithmus angegeben, dessen Gesamtaufwand in etwa dem von Satz 4.1.2 entspricht, der jedoch nur polylogarithmisch viel Speicher benötigt.

4.2 Spacesweep

Zur Lösung des inversen H-Schnittabzählproblems für iso-orientierte Rechtecke wurde die Geradenmenge in eine Datenstruktur vorverarbeitet, um beliebige Rechteckanfragen effizient beantworten zu können. Bei der Bilderzeugung durch inverse Strahlverfolgung sind die Anfrageobjekte bekannt, so daß die Möglichkeit der beliebigen Anfrage nicht unbedingt benötigt wird. Der hier vorgestellte Spacesweep-Algorithmus arbeitet die Rechtecke in einer festen Reihenfolge ab, nämlich nach aufsteigender x-Koordinate sortiert. Zu jedem Zeitpunkt wird nur ein Schnitt durch die Strahlenmenge benötigt. Dieses reduziert den Speicherbedarf auf $O(m \log m + n)$, gegenüber $O(m^{\frac{2\alpha}{1+\alpha}} n^{\frac{1}{1+\alpha}} \text{polylog}(n)\text{polylog}(m))$ bei der Anfragelösung.

Definition 4.2.1 Algorithmus Spacesweep

Eingabe: m Geraden, versehen mit Werten aus einer Halbgruppe H, n iso-orientierte Rechtecke senkrecht zur x-Achse.

Ausgabe: Für jedes Rechteck die Summe der H-Werte der schneidenden Geraden.

wichtige Datenstrukturen:

XE: Priority-Queue für die x-Koordinaten von Schnittpunkten projezierter Geraden

YR,ZR: enthalten die y- bzw. z-Anordnung der Geraden für einen zur x-Achse senkrechten Ebenenschnitt durch die Szene

RE: Lineare Liste der Rechtecke, nach aufsteigender x-Koordinate sortiert

R: ein 2D H-Bereichsbaum. Dieser wird dynamisch angelegt.

Ablauf: Die Rechtecke werden in aufsteigender Reihenfolge sortiert in RE vorverarbeitet. Dann werden die Geraden durch Strecken ersetzt, deren Endpunkte die minimale bzw. maximale x-Koordinate der Szenenrechtecke haben. Für die Projektion dieser Strecken in die x-y- und die x-z-Ebene wird gleichzeitig der Algorithmus von Bentley und Ottmann zur Berechnung der Schnittpunkte angewendet [PS85]. Die x-Ereignisstruktur XE wird gemeinsam genutzt, die Sweepline-Struktur wird in YR und ZR getrennt angelegt. Vor Beginn des Sweeps wird der 2D H-Bereichsbaum R für die Schnittpunkte der Geraden mit der zur x-Achse senkrechten Ebene durch die minimale Rechteckkoordinate angelegt. Zwischen zwei projizierten Strecken bleibt R unverändert. An den Schnittpunkten müssen zwei weitere Punkte vertauscht werden, etwa indem sie aus R entfernt und abgeändert neu eingefügt werden. Während des Sweeps wird gleichzeitig die Rechteckliste RE abgearbeitet. Für die Rechtecke erfolgt eine Anfrage im aktuellen R, wobei die Geradenschlüssel in R mit der x-Koordinate des aktuellen Rechtecks ausgewertet werden. Die gefundenen H-Werte werden aufaddiert und ausgegeben.

Satz 4.2.1 Aufwand Spacesweep

Gegeben seien n zur x-Achse senkrechte iso-orientierte Rechtecke im R^3 und m Geraden im R^3, die mit Werten aus einer Halbgruppe H versehen sind. Der Aufwand des Spacesweep-Algorithmus zur Lösung des H-Schnittabzählproblems der Rechtecke mit den Geraden ist

$$T(n,m) = O(m \log^2 m + K \log^2 m + n \log^2 m + n \log n),$$

$$S(n,m) = O(m \log m + n),$$

wobei $K = O(m^2)$ die Anzahl der Schnittpunkte der senkrecht in die x-y- und x-z-Ebene projizierten Geraden im x-Bereich der Rechtecke ist.

Beweis: Der Speicheraufwand setzt sich zusammen aus dem Aufwand für den Bereichsbaum R, der $O(m \log m)$ ist, sowie dem Speicherbedarf der Sweep-Datenstrukturen, der $O(n+m)$ ist. Für den Zeitaufwand gilt

- Schnittpunktberechnung: $O(m \log m + K \log m + n \log n)$

- amortisierte Zeit für die Änderung des 2D H-Bereichsbaum R : $O((m + K) \log^2 m)$ [Mh84]

- Rechteckanfrage: $O(n \log^2 m)$.

Es ist $K = O(m^2)$, wobei der schlechteste Fall dann eintritt, wenn viele Schnittpunkte im x-Bereich der Rechteckszene liegen. K kann verkleinert werden, indem wie bei den Zeit-Speicher-Tradeoff-Untersuchungen in Kap. 3.3.3 und den Vorverarbeitungszeit-Anfragezeit-Tradeoff-Untersuchungen in Kap. 4.1 eine abgeschnittene Konjugationsbaumstruktur vorgeschaltet wird.

Satz 4.2.2

Sei $m^{1-\alpha} < n < m^2$. Gegeben seien n zur x-Achse senkrechte iso-orientierte Rechtecke im R^3 und m Geraden im R^3, die mit Werten aus einer Halbgruppe H versehen sind. Es gibt einen Algorithmus zur Lösung des H-Schnittabzählproblems der Rechtecke mit den Geraden mit

$$T(n,m) = O(m^{\frac{2\alpha}{1+\alpha}} n^{\frac{1}{1+\alpha}} \log^2 m), \quad \alpha = \log \frac{1+\sqrt{5}}{2},$$

$$S(n,m) = O(m \log m + n).$$

Beweis: Es wird der zweifach geschachtelte Konjugationsbaum aus Satz 3.3.4 verwendet. Dieser wird wie in Kap. 3.3.3 in der Höhe i abgeschnitten. Jedem Knoten der Höhe i entspricht eine Menge von Geraden. Auf jeder dieser Mengen auf Stufe 1 wird simultan der Spacesweep-Algorithmus für Rechtecke angewendet, auf Stufe 2 ein analoger Planesweep-Algorithmus. Der

Planesweep-Algorithmus summiert für die Strecken, die sich durch Projektion der Rechtecke auf die x-z-Ebene ergeben, die H-Werte der geschnittenen projizierten Geraden. Die Rechtecke werden nach aufsteigender x-Koordinate sortiert abgearbeitet. Zuerst werden im abgeschnittenen Konjugationsbaum die erreichbaren Knoten bestimmt und dann in den entsprechenden Geradenmengen dieses Rechteck bzw. seine Projektion verarbeitet, indem im aktuellen 2D H-Bereichsbaum gesucht wird.

Der Speicheraufwand für den Planesweep-Algorithmus ist

$$s_2(m_j) = O(m_j),$$

der Zeitaufwand

$$t_2(n_j, m_j) = O(m_j \log m_j + m_j^2 \log m_j + n_j \log m_j),$$

wobei m_j Strecken und n_j Objekte an Knoten j zu bearbeiten sind. Für den Spacesweep-Algorithmus gilt nach Satz 4.2.1

$$s_3(m_j) = O(m_j \log m_j),$$
$$t_3(n_j, m_j) = O(m_j^2 \log^2 m_j + n_j \log^2 m_j).$$

Der Term $n_j \log n_j$ entfällt, da die Rechtecke zu Beginn vorsortiert werden. Mit $m_j = \frac{m}{2^i}$ und $A_i(k) \leq 2^i \binom{i+k-1}{k-1}$ für die Anzahl der Knoten der Höhe i auf Stufe k folgt

$$S(n, m) = O(m \log m) + A_i(1) s_3(\frac{m}{2^i}) + A_i(2) s_2(\frac{m}{2^i}) + O(n) = O(m \log m + n).$$

$O(m \log m)$ beschränkt den Speicherbedarf des abgeschnittenen Konjugationsbaums, $O(n)$ ist der Speicherbedarf für die n Rechtecke.

Für die Bearbeitungszeit ergibt sich analog

$$T(n, m) = O(n \log n) + O(n \sum_{j=0}^{i} \sum_{k=0}^{i-j} F_j F_k)$$

$$+ \sum_{j=1}^{A_i(1)} O((\frac{m}{2^i})^2 \log^2 \frac{m}{2^i} + n_j \log^2 \frac{m}{2^i})$$

$$+ \sum_{j=A_i(1)+1}^{A_i(1)+A_i(2)} O(\frac{m}{2^i} \log \frac{m}{2^i} + (\frac{m}{2^i})^2 \log \frac{m}{2^i} + n_j \log \frac{m}{2^i})$$

$$= O(n \log n) + O(n * i * (\frac{1 + \sqrt{5}}{2})^i)$$

$$+ O(m \log^2 m + \frac{m^2}{2^i} \log^2 m) + O(n * (F_j \log^2 \frac{m}{2^i} + \sum_{j=1}^{i} F_j * F_{i-j} * \log m))$$

$$= O(n \log n) + O(n * i * (\frac{1 + \sqrt{5}}{2})^i) +$$

$$+ O(m \log^2 m + \frac{m^2}{2^i} \log^2 m) + O(n * (\frac{1 + \sqrt{5}}{2})^i * \log^2 m)$$

$$= O(n \log n + m \log^2 m + m^{\frac{2\alpha}{1+\alpha}} n^{\frac{1}{1+\alpha}} \log^2 m)$$

$$= O(m^{\frac{2\alpha}{1+\alpha}} n^{\frac{1}{1+\alpha}} \log^2 m).$$

$O(n \log n)$ ist der Aufwand zum Vorsortieren der Rechtecke, der zweite Term der Suchaufwand im abgeschnittenen Baum. Der dritte und vierte Term beschränken die Zeit für die Suche in den Datenstrukturen an den Knoten der Höhe i auf Stufe 1 bzw. 2. Die letzte Zeile ergibt sich mit $i = \frac{\log m^2 - \log n}{1+\alpha}$. Aus $1 < i < \log m$ folgt die Einschränkung $m^{1-\alpha} < n < m^2$.

Der Spacesweep-Algorithmus ist leicht auch für Strahlen oder Strecken anstatt der Geraden umformulierbar. Zusätzlich zu den Schnittpunktereignissen sind dann noch Strahlanfangspunkte oder die Streckenendpunkte als Ereignisse in XE aufzunehmen. Ferner können auch die von einem Strahl geschnittenen Rechtecke aufgelistet werden. Dazu gibt es für jeden Strahl eine Liste, deren Kopf etwa indiziert über eine Strahlnummer in $O(1)$ Zeit gefunden werden kann. Bei einer Rechteckanfrage wird dieses Rechteck in die Liste der von ihm geschnittenen Strahlen aufgenommen. Da die Rechtecke beim Spacesweep von links nach rechts abgearbeitet werden, ist zumindest für Strahlen mit positiver x-Komponente das erste gefundene Rechteck auch das mit dem nächsten Schnittpunkt. Für andere Strahlen wird der Spacesweep in umgekehrter Richtung ausgeführt. Bei diesem Problem ist es dann auch nützlich, den Strahl beim Rest des Verfahrens nicht mehr zu berücksichtigen. Das bedeutet, daß mögliche spätere Schnittpunkte nicht mehr zu berechnen sind, wodurch K wieder kleiner wird. K ist ein Maß für die Kohärenz von Strahlen. So besitzen bei der Bilderzeugung die Sehstrahlen nur den Augenpunkt als gemeinsamen Schnittpunkt, wodurch praktisch die Aktualisierungsoperationen auf dem Bereichsbaum R wegfallen. Bei späteren Generationen werden Schnittpunkte zwischen verschiedenen Strahlenbündeln auftreten, wobei die Bündel umso kleiner werden, je höher die Spiegelungs- oder Brechungstiefe ist. Das bewirkt, daß K möglicherweise wächst. Sind die Strahlenabschnitte zwischen zwei Flächen kurz, so werden wieder viele Schnittpunkte von projizierten

Strahlen vermieden, d.h. K wird kleiner. Eine Heuristik, die das ausnutzt, ist, große objekt-freie Szenenbereiche durch einen Freiraumquader aufzufüllen. Die Strahlen werden von außen bis zum Rand des Freiraumquaders verfolgt. Dann wird ein neuer Strahl in XE übernommen, der auf einer gemeinsamen Geraden liegt, dessen Anfangspunkt aber der Austrittspunkt des alten Strahls aus dem Freiraumquader ist. Das erspart die Berechnung der möglicherweise im Freiraumquader auftretenden Schnittpunkte.

Bei der Realisierung des Spacesweep-Algorithmus ist zu beachten, daß das Verfahren bei direkter Implementierung und geringer Gleitpunktgenauigkeit instabil werden kann. Eine Untersuchung dieses bei Sweep-Algorithmen auftretenden Problems und Lösungsvorschläge sind in [Be84] angegeben.

4.3 Timesweep

Bei der Filmerzeugung geht es darum, eine sich zeitlich verändernde räumliche Szene als eine Folge von Einzelbildern (engl. frames) darzustellen. Jedes der Einzelbilder zeigt eine Szene in dem Zustand, den sie zum Abtastzeitpunkt des Einzelbildes hat (die Wirklichkeit ist durch zeitliche Aliaseffekte komplizierter, vgl. Kap. 2, die hier zur Vereinfachung ignoriert werden). Die direkte Methode der Erzeugung eines derartigen Films ist es, die unbewegte Szene zum Abtastzeitpunkt mit einem Algorithmus zur Erzeugung stehender Bilder in ein Bild umzusetzen. Diese Vorgehensweise verschenkt jedoch Möglichkeiten der Rechenzeiteinsparung, die sich aus der Ähnlichkeit zeitlich benachbarter Szenenzustände und Einzelbilder ergeben. Bei Strahlverfolgungsverfahren, die die Szene zunächst vorverarbeiten, um dann die Bilderzeugung über Strahlanfragen durchzuführen, kann der Gesamtaufwand für die Vorverarbeitung reduziert werden, indem die Datenstruktur dynamisch angelegt wird. Befinden sich nur wenig bewegte Objekte in der Szene, so werden diese nach Abarbeiten des aktuellen Abtastzeitpunktes gelöscht und in ihrer neuen Lage und Form zum nächsten Abtastzeitpunkt wieder eingefügt. Die unbewegten Objekte bleiben unberührt. Möglichkeiten der Dynamisierung von Datenstrukturen zur Lösung des Strahlanfrageproblems wurden in 3.3.4 angesprochen. Die Gitterstrukturen aus Kap. 3.2 sind einfach zu dynamisieren, so lange die Zelleinteilung szenenunabhängig festgehalten wird. Dann sind nur die Zellisten doppelt verkettet anzulegen, um Elemente aus ihnen schnell entfernen zu können. Ferner sollten die Verweise von verschiedenen Zellen auf dasselbe Objekt verkettet werden und ein Verweis von der Objektbeschreibung auf den Kopf dieser Liste erfolgen. Wird ein Objekt gelöscht, kann auf Verweise in den Zellisten in konstanter Zeit zugegriffen werden und diese Verweise können mit konstantem Aufwand pro Verweis gelöscht werden.

Erfahrungsgemäß ist der Anteil der Vorverarbeitungszeit am Gesamtaufwand der Bilderzeugung sehr gering. Ein größerer Gewinn ist daher zu erwarten, wenn es möglich ist, die Anzahl der verfolgten Strahlen zu reduzieren. Die wichtigste Situation, in der es unnötig ist, mehrere Strahlanfragen für aufeinanderfolgende Einzelbilder auszuführen, ist die, wenn der Strahl bei allen Anfragen geometrisch unverändert bleibt und ein unbewegtes Objekt getroffen wird. Dieses ist bei über eine Filmsequenz festem Augenpunkt und Bildebene und wenig bewegten Objekten zu erwarten. Im folgenden wird ein Strahlverfolgungsalgorithmus vorgestellt, der diese Art von Kohärenz ausnutzt. Bei diesem Algorithmus wechseln sich Phasen der Vorverarbeitung und der Strahlverfolgung ab. Die notwendige Information zur Ausnutzung der Kohärenz bei der Strahlverfolgung wird in den Vorverarbeitungsphasen gewonnen. Unter der Voraussetzung, daß während der Filmerzeugung keine Objekte aus der Szene verschwinden oder neue hinzukommen, ist die Gesamtzeit für die Vorverarbeitungsphasen in etwa doppelt so groß wie bei der direkten Einzelbildberechnung. Der Speicheraufwand ist um einen Faktor $\log f$ höher, wobei f die Filmlänge, d.h. die Anzahl der Einzelbilder, ist. Die wichtigste Eigenschaft des Algorithmus ist jedoch, daß für eine Strahlanfrage, die für l Einzelbilder gültig ist, im schlechtesten Fall höchstens $O(\log l)$ Anfragen für dieses Intervall durchgeführt werden.

Der Filmerzeugungsalgorithmus setzt eine Datenstruktur zur Beantwortung von Strahlanfragen voraus. Wie diese aussieht, ist irrelevant. Für die Aufwandsabschätzung wird angenommen, daß sie für n Elemente in Zeit $p(n)$ erstellt werden kann, $s(n)$ Speicher und $q(n)$ Zeit zur Beantwortung einer Strahlanfrage benötigt. Sie muß für die Bewegungshüllen der Objekte der Szene geeignet sein. Ein bewegtes Objekt ist eine Familie von Objekten mit einem reellen Intervall $[s(Q), t(Q))$ als Indexbereich, d.h. $Q = \{Q(t) : t \in [s(Q), t(Q))\}$. Das Intervall

$[s(Q), t(Q))$ ist das Zeitintervall, in dem Q existiert. $Q(t)$ ist der Zustand von Q zum Zeitpunkt t. Ein Objekt Q heißt unbewegt, falls $Q(t)$ konstant für $t \in [s(Q), t(Q))$. Die Bewegungshülle $H(Q, s, t)$ ist die Menge aller Punkte, die das Objekt irgendwann im Zeitintervall $[s, t)$ enthält, d.h. $H(Q, s, t) := \{p \in Q(t) : t \in [s, t) \cap [s(Q), t(Q))\}$. Die Bewegungshülle ist ein unbewegtes Objekt im R^3. Der erste Auftreffpunkt eines Strahls $p + \lambda v$ mit einer Bewegungshülle ist $p + \lambda_0 v$ mit $\lambda_0 := \inf\{\lambda \geq 0 : p + \lambda v \in Q(t) \text{ für ein } t \in [s(Q), t(Q))\}$.

Die Anfrage erfolgt durch Intervallstrahlen. Ein Intervallstrahl r ist ein Strahl im R^3, für den ein reelles Intervall $[s(r), t(r))$ als Dauer seiner Gültigkeit gegeben ist. Es soll nun folgendes Problem gelöst werden:

Definition 4.3.1 Intervallstrahlanfrage

Eingabe: Eine Szene S aus n bewegten Flächen, eine Menge R aus m Intervallstrahlen, eine Folge F von $f + 1$ Abtastzeitpunkten $F_0, ..., F_{f-1}, F_f$.

Ausgabe: Eine Folge $I_0, ..., I_{f-1}$ mit

$$I_j := \{(r, Q) : r \in R, Q \in S, [s(r), t(r)) \cap [F_j, F_{j+1}) \neq \emptyset, [s(Q), t(Q)) \cap [F_j, F_{j+1}) \neq \emptyset,$$
$$\text{der erste Auftreffpunkt von } r \text{ auf } H(Q, F_j, F_{j+1}) \text{ ist auch erster}$$
$$\text{Auftreffpunkt von } r \text{ mit der Szene } H(S, F_j, F_{j+1}) := \{H(Q, F_j, F_{j+1}) : Q \in S\}\},$$

wobei bei mehreren möglichen Objekten Q für einen Strahl r irgendeines beliebig ausgewählt wird.

Bei dieser Problemstellung wird also, etwas anders als oben beschrieben, das bewegte Objekt nicht zu einem Zeitpunkt abgetastet, sondern seine Bewegungshülle im Abtastzeitintervall. Der Vorteil hiervon ist, daß es dadurch relativ zu den unbewegten Objekten nicht übersehen werden kann. Die Folge I_j gibt zu jedem Abtastintervall für die dort gültigen Strahlen ein erstes getroffenes Objekt an.

Für die nun folgende Lösung wird vorausgesetzt, daß f eine Zweierpotenz ist. Das vereinfacht die Darstellung.

Das Vorverarbeiten der Intervallstrahlen R geschieht in zeitlicher Reihenfolge nach dem Anfangszeitpunkt ihres Gültigkeitsintervalls. Für jeden Strahl wird ein möglichst langes Anfangsstück seines Gültigkeitsintervalls abgearbeitet, d.h. mehrere Abtastintervalle auf einmal. Der Rest des Strahls wird nach R zurückgeschrieben und dann bearbeitet, wenn er in der zeitlichen Reihenfolge der nächste ist. Dazu wird R als Priority-Queue RE mit Anfangszeitpunkten als Schlüssel organisiert. Das Ergebnis einer Intervallstrahlbehandlung umfaßt das erste getroffene Objekt sowie das Zeitintervall, in dem dieses das erste getroffene Objekt ist. Dieses wird in einer Liste L gespeichert. Sind alle Strahlen mit Anfangszeitpunkt im aktuellen Abtastintervall $[F_j, F_{j+1})$ abgearbeitet, so wird in einem Durchlauf von L das Ergebnis I_j aufgebaut und alle die Ergebnisse aus L gelöscht, die über dieses Abtastintervall hinaus keine Gültigkeit mehr haben.

Es bleibt zu klären, wie der erste Auftreffpunkt und seine Gültigkeitsdauer gefunden werden können. Für jedes Abtastintervall wird eine Familie von Szenen aufgebaut. Da immer nur ein Abtastintervall bearbeitet wird, werden immer nur die Szenen zu einem Abtastintervall benötigt. Die Szenen dieser Familie gehören zu einer Familie von Intervallen, die exponentiell in ihrer Länge wachsen. Eine solche Szene umfaßt alle die Objekte, deren Zeitintervalle das Intervall schneiden. Ordnet man den Knoten des Binärbaums in Abb. 4.3.1 die Vereinigung der Blätter des durch ihn induzierten Teilbaums als Intervall zu, so ergibt sich die Intervallfamilie für jedes Abtastintervall als die Intervalle der Knoten auf dem dick eingezeichneten Pfad. Formal gilt

$$k_j := \max\{i : 2^i \text{ teilt } j, \quad i \leq \log f\}, \quad j \in \{0, ..., f-1\},$$

$$S_j(i) := \{H(Q, F_j, F_{j+2^i}) : Q \in S,$$
$$[s(Q), t(Q)) \cap [F_j, F_{j+2^i}) \neq \emptyset\}, \quad i = 0, ..., k_j.$$

Sei nun r ein Intervallstrahl in RE, der als nächstes für das Intervall $[F_j, F_{j+1}), 0 \leq j < f-1$, zu bearbeiten ist. Also gilt $s(r) < F_{j+1}$. Die Strahlen in RE sind mit einem Attribut "up" oder "down" versehen. Dieses Attribut steuert die Suchstrategie. Diese läuft wie folgt:

Definition 4.3.2 Algorithmus SucheMaximalesIntervall

Eingabe: Der Index j, $\quad 0 \leq j < f-1$, des Startintervalls, ein Strahl $r \in R$ mit $s(r) < F_{j+1}$ und $t(r) > F_j$.

globale Datenstrukturen: $S_j(i), i = 0, ..., k_j$, RE, L, siehe oben.

```
BEGIN
    k := k_j;
    Q := erstes von r getroffenes Objekt in S_j(0);
    IF Q bewegt in [F_j, F_{j+1}) THEN BEGIN
        füge (r, Q, j+1) in L ein;
        füge (r, j+1,up) in RE ein
    END ELSE BEGIN {Q unbewegt}
        Q := erstes getroffenes Objekt in S_j(k);
        IF Q unbewegt in [F_j, F_{j+2^k}) und t(r) > F_{j+2^k-1} THEN BEGIN
            füge (r, Q, j+2^k) in L ein;
            füge (r, j+2^k,up) in RE ein
        END ELSE
        IF Attribut von r = "up" THEN BEGIN
            finde ausgehend von S_j(1) den größten Index
            i', so daß das erste von r getroffene Objekt Q' in
            S_j(i') unbewegt in [F_j, F_{j+2^{i'}}) ist und t(r) > F_{j+2^{i'}-1} gilt;
            füge (r, Q', j+2^{i'}) in L ein;
            füge (r, j+2^{i'},down) in RE ein
        END ELSE BEGIN {Attribut von r ist "down"}
            finde ausgehend von S_j(k-1) den größten Index
```

i', so daß das erste getroffene Objekt Q' in
$S_j(i')$ unbewegt in $[F_j, F_{j+2^{i'}})$ ist und $t(r) > F_{j+2^{i'}-1}$ gilt;
füge $(r, Q', j + 2^{i'})$ in L ein;
füge $(r, j + 2^{i'}, \text{down})$ in RE ein
  END
  END $\{Q$ unbewegt$\}$
END.

Dabei ist ein Objekt Q unbewegt in einem Intervall $[F_p, F_q)$, falls $s(Q) \leq F_p < F_q \leq t(Q)$ und $H(Q, F_p, F_q) = Q$. Falls kein Objekt getroffen wird, wird Q auf "Hintergrund" gesetzt und wie ein unbewegtes Objekt behandelt.

Mit dem Unteralgorithmus SucheMaximalesIntervall als Kern sieht der Timesweep-Algorithmus wie folgt aus:

Definition 4.3.3 Timesweep-Algorithmus

Eingabe, Ausgabe wie in Def. 4.3.1

Datenstrukturen:

RE: Vorrangwarteschlange für Intervallstrahlen mit Anfangszeitpunkt als Schlüssel, realisiert als Array von Listen;

SE: sortierte Liste der Anfangs- und Endzeiten der Szenenobjekte;

L: Zwischenergebnisliste aus Tripeln (r, Q, t), wobei Q bis zum Zeitpunkt t das erste von r getroffene Objekt ist;

S: ARRAY$[1..\log f]$ von Szenen, die in eine Strahlanfragedatenstruktur vorverarbeitet sind;

F: sortierte Liste der Abtastzeitpunkte.

Unteralgorithmus Vorverarbeitung(M,S);
$\{$baut aus einer Menge M von Bewegungshüllen eine Datenstruktur S zur Strahlanfrage$\}$

Unteralgorithmus SucheMaximalesIntervall(j, r);
$\{$siehe Def. 4.3.2$\}$

BEGIN
    initialisiere RE mit R, wobei die Strahlen mit "up" attributiert werden;
    initialisiere SE mit S;
    FOR $j := 0$ TO $f - 1$ DO BEGIN
        entferne die Objekte Q mit Endzeitpunkt $t(Q) \leq F_j$ aus SE;
        entferne die Strahlen r mit Endzeitpunkt $t(r) \leq F_j$ aus RE;
        $k := \max\{i : 2^i \text{ teilt } j, \quad i \leq \log f\}$;

```
FOR i := 0 TO k DO BEGIN
    M:={H(Q, F_j, F_{j+2^i}) : Q ein Objekt in SE mit s(Q) < F_{j+2^i}};
    Vorverarbeitung(M,S[i])
END;
r:= erster Strahl in RE;
WHILE s(r) < F_{j+1} DO BEGIN
    entferne r aus RE;
    SucheMaximalesIntervall(j, r);
    r := erster Strahl in RE
END;
I_j := ∅;
FOR (r, Q, t) ∈ L DO BEGIN
    I_j := I_j ∪ {(r, Q)};
    IF t ≤ F_{j+1} THEN entferne (r, Q, t) aus L
END
END {FOR j := 0 TO f - 1 DO ...}
END.
```

Für den Aufwand des Timesweep-Algorithmus gilt

Satz 4.3.1 Aufwand Timesweep

Gegeben sei eine Szene S aus n bewegten Objekten, sowie ein Algorithmus, der es ermöglicht, Bewegungshüllen von n' dieser Objekte in Zeit $p(n')$ in eine Datenstruktur der Größe $s(n')$ so vorzuverarbeiten, daß für einen Strahl eine erste getroffene Bewegungshülle in $q(n')$ Zeit gefunden werden kann. Ferner sei eine Menge R aus m Intervallstrahlen sowie f Abtastzeitpunkte gegeben, o.B.d.A. ganzzahlig im Abstand 1. Der Speicher- bzw. Zeitaufwand des Timesweep-Algorithmus ist dann

$$S(n, m, f) \leq s(n) * \log f + O(n + m + f)$$

$$T(n, m, f) \leq 2 * f * p(n) + O(n \log n + m \log m) + \sum_{r \in R} O(t(r) - s(r))$$

$$+ \sum_{r \in R} \left(\sum_{\substack{r' \text{ Teilintervall von } r \\ \text{gleicher Antwort}}} (q(n) + O(1)) * O(\log(\lceil t(r') \rceil - \lfloor s(r') \rfloor)) \right).$$

Beweis: Der Speicheraufwand ist unmittelbar klar, da zu jedem Zeitpunkt maximal $\log f$ Szenen vorverarbeitet gespeichert sind. Der dem Verfahren zugrundeliegende Binärbaum hat nicht mehr als $2f$ Knoten und für jeden Knoten wird höchstens einmal eine Szene vorverarbeitet. $O(n \log n)$ bzw. $O(m \log m)$ ist der Zeitaufwand zum Sortieren der definierenden Zeitpunkte der Objekt- bzw. Strahlintervalle. $\sum_{r \in R} O(t(r) - s(r))$ ist die Ausgabezeit, d.h. die Zeit zum Aufbau der I_j. Es bleibt nun noch der Zeitaufwand zur Konstruktion der in L abgelegten Zwischenergebnisse zu untersuchen.

Der Timesweep-Algorithmus durchläuft Szenen, die zu maximalen Teilintervallen gleicher

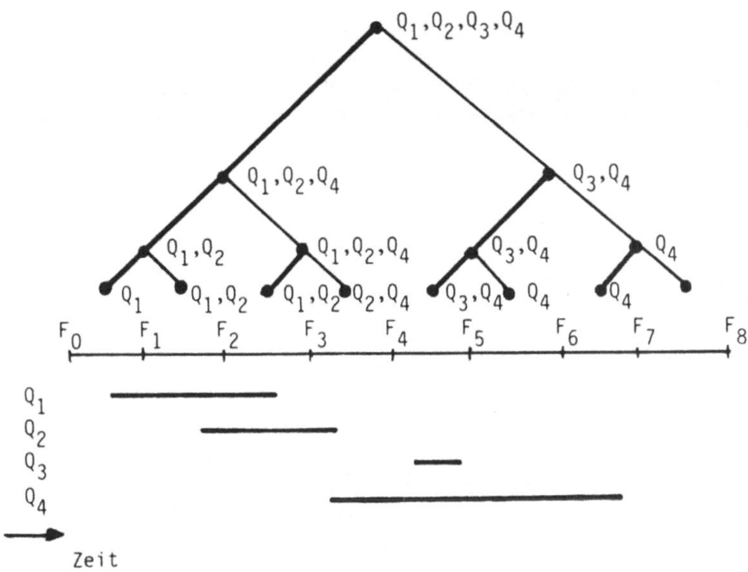

Abb. 4.3.1: Die Szenenhierarchie beim Timesweep

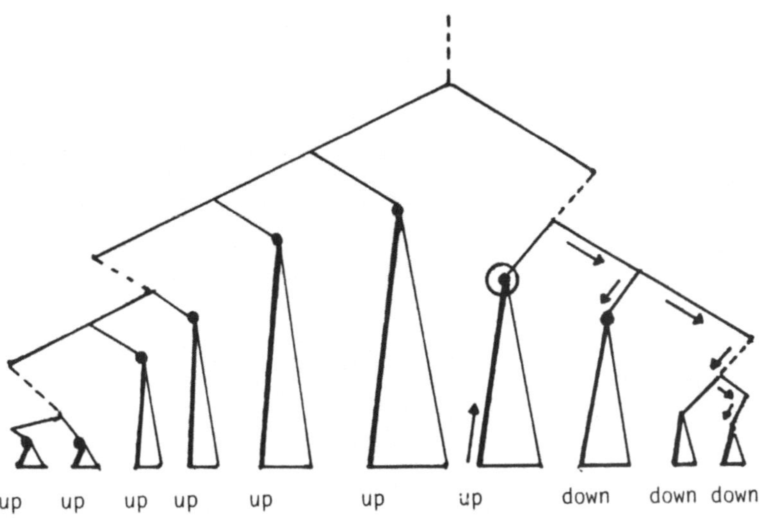

Abb. 4.3.2: Durchlauf des Szenenbaums für ein Strahlintervall

Antwort gehören, d.h. für die über den ganzen Zeitraum dasselbe Objekt als erstes getroffen wird. Diese maximalen Teilintervalle ergeben sich wie beim Segmentbaum als die Knotenintervalle im zugrundeliegenden Binärbaum, die in Abb. 4.3.2 gezeigt werden. Diese sind Söhne von Knoten auf zwei Pfaden, die sich über den linken bzw. rechten Sohn eines gemeinsamen Knotens ergeben. Im folgenden werden diese Pfade als linker bzw. rechter Pfad bezeichnet.

Bei jedem Aufruf von SucheMaximalesIntervall wird eines der in Abb. 4.3.2 dick gezeichneten Knotenintervalle gefunden. Dabei ist jeweils das am weitesten links liegende Blatt des durch das Knotenintervall induzierten Teilbaums bekannt. Die gesuchte Szene liegt auf dem abbiegungsfreien Pfad von diesem Blatt aus in Richtung Wurzel.

Der Algorithmus teilt sich in eine up- und eine down- Phase, vgl. Abb. 4.3.2. Es wird stets zuerst die letzte Szene untersucht. Ist das erste getroffene Objekt unbewegt über das ganze Intervall, wird die Suche beim nächsten relevanten Blatt in der up-Phase fortgesetzt. Andernfalls wird in der up-Phase vom Blatt ausgehend die erste markierte Szene gesucht und für die folgenden Schritte auf "down" umgeschaltet. In der down-Phase wird in diesem Fall die vorletzte Szene getestet. Falls das erste getroffene Objekt nicht über das ganze Intervall unbewegt ist, wird von ihr ausgehend in Richtung des am weitesten links liegenden Blatts nach einer ersten Szene mit dieser Eigenschaft gesucht.

In der up-Phase kostet jedes gefundene Intervall eine Anfrage, bis auf das des markierten Knotens. Dieses kostet eine Anzahl von Anfragen, die zur Höhe seines Unterbaums proportional ist, also $\leq \log l$ Anfragen, l die Länge des gesamten Intervalls. In der down-Phase wird für jeden Knoten des rechten Pfades höchstens eine Anfrage durchgeführt, also $\leq \log l$ Anfragen. Das Finden des markierten Knotens erfordert schließlich ebenfalls höchstens soviel Anfragen, wie die Länge des linken Pfades, d.h. $\leq \log l$ Anfragen. Insgesamt ergibt das $O(\log l)$ Anfragen mit Zeitaufwand $\leq q(n)$. Für jede Anfrage ist noch der Reststrahl in RE einzufügen, was mit $O(1)$ Aufwand möglich ist. Mit $l = \lceil t(r') \rceil - \lfloor s(r') \rfloor$ ergibt sich der Zeitaufwand T.

Die Einzelbildberechnung erfordert zum Vergleich einen Aufwand von

$$S(n, m, f) = s(n)$$
$$T(n, m, f) = f * p(n) + \sum_{r \in R} q(n) * (\lceil t(r) \rceil - \lfloor s(r) \rfloor).$$

Der Timesweep-Algorithmus kann unmittelbar zu einem Filmerzeugungsalgorithmus weiterentwickelt werden. Nachdem ein Schnittpunkt gefunden ist, sind die Lichtquellenstrahlen und die Reflexions/Brechungsstrahlen in RE zu übernehmen. Ferner gibt es eine Bildmatrix, deren Intensitätswerte an den betroffenen Pixeln aktualisiert werden.

5. Parallele Algorithmen und Maschinen

Untersucht man die Gründe für den Einsatz von parallelen Maschinen und Spezialhardware in der Bilderzeugung, so zeigen sich zwei unterschiedliche Tendenzen. Einerseits geht es darum, die Einzelbilder einer bewegten Sequenz in Realzeit zu generieren. Ein solcher Bedarf besteht bei Simulatoren in der Luft- und Raumfahrt, aber auch im Automobilbau. Für solche Maschinen werden schon seit Anfang der 70er Jahre spezielle Architekturen zur Bilderzeugung entwickelt. In [Sc83] wird ein Überblick über die verschiedenen Ansätze gegeben, wie sie bei Simulatoren von General Electric, Singer und Evans & Sutherland realisiert sind. Die Bilderzeugungshardware setzt sich dabei meist aus einer Pipeline von Prozessoren zusammen, von denen jeder eine spezielle Aufgabe im Rahmen des verwendeten Algorithmus übernimmt. Das hauptsächlich eingesetzte Verfahren ist der Priotitätsansatz, die verwendeten geometrischen Objekte sind Polygone. Beim Prioritätsansatz werden Polygone zunächst nach der Verdeckungsordnung, der Priorität, vorsortiert. Anschließend folgt die Umwandlung in Rasterdarstellung, die nach dem Scanline-Prinzip vorgenommen wird. Dazu sind weitere Sortiervorgänge nötig. Die Prioritätsberechnung und die verschiedenen Kantensortierungen erfolgen jeweils auf eigenen Prozessoren, die teilweise parallel, teilweise in Pipeline arbeiten. Neben dem Scanline-Verfahren zur Rasterkonvertierung wird auch das Zellzerlegungsverfahren eingesetzt. Die Bildebene wird dabei in regelmäßige Zellen zerlegt, für die die Bilderzeugung jeweils durch einen eigenen Prozessor erfolgt. Die eingesetzten Algorithmen beschränken sich auf die Sichtbarkeitsberechnung, weitergehende Effekte wie Schlagschatten werden nicht simuliert. Besonderes Gewicht wird auf die Textur gelegt, die es ermöglicht, mit relativ wenig Rechenaufwand sehr wirklichkeitsnahe Bilder zu generieren.

Die Hardwarerealisierungen der Flugsimulatoren der 70er Jahre bauen mehr auf schnelle Hardware und weisen einen nur geringen Grad an Parallelismus auf. Durch die Entwicklung der VLSI-Technologie bedingt wurde seit Anfang der 80er Jahre verschiedene Spezialhardware entwickelt, die kostenmäßig in den Bereich der Arbeitsplatzrechner einzuordnen ist. Dieses ist für CAD-Anwendungen interessant, wo es möglich wird, auch beleuchtete räumliche Modelle interaktiv zu transformieren und das Ergebnis in Bruchteilen von Sekunden auf dem Bildschirm verfügbar zu haben.

Eine hochgradig parallele Version des Scanline-Verfahrens wurde von Niimi et al. [Ni84] entwickelt. Die zugrundeliegende EXPERTS-Maschine ist ein zweistufiges Multiprozessorsystem, vgl. Abb. 5.1. Über einen Host-Rechner werden zunächst sogenannte Scanline-Prozessoren (SLPs) mit Objektinformation versorgt. Jeder SLP steuert mehrere Pixelprozessoren (PXPs). Ein SLP erstellt die Datenstruktur, die für eine Scanline benötigt wird, während ein PXP die Pixel in einem Intervall (Span) der Scanline manipuliert. Im Vollausbau planen die Autoren 16 SLPs, von denen jeder über 16 PXPs verfügt. Die Gesamtzahl der Prozessoren ist damit 272. Für 8 SLPs mit je 8 PXPs können 15 Bilder pro Sekunde aus eines Szene mit 200 Polygonen erreicht werden.

Starkes Interesse hat in neuerer Zeit das Tiefenpufferverfahren gefunden. Die Hochleistungsgraphik der HP9000-Workstations umfaßt eine Hardware-Realisierung des Tiefenpufferalgorithmus, bei der etwa 12000 Polygone pro Sekunde einer Größe von 1000 Pixeln, nach Gouraud beleuchtet, generiert werden können. Kern dieses Systems ist ein als VLSI-Chip realisierter sechsdimensionaler Vektorgenerator, der über die x-, y- und z-Achse der Geometrie und über die R-, G- und B-Achse des Farbraums läuft. Dieses Konzept erreicht eine erheblich höhere

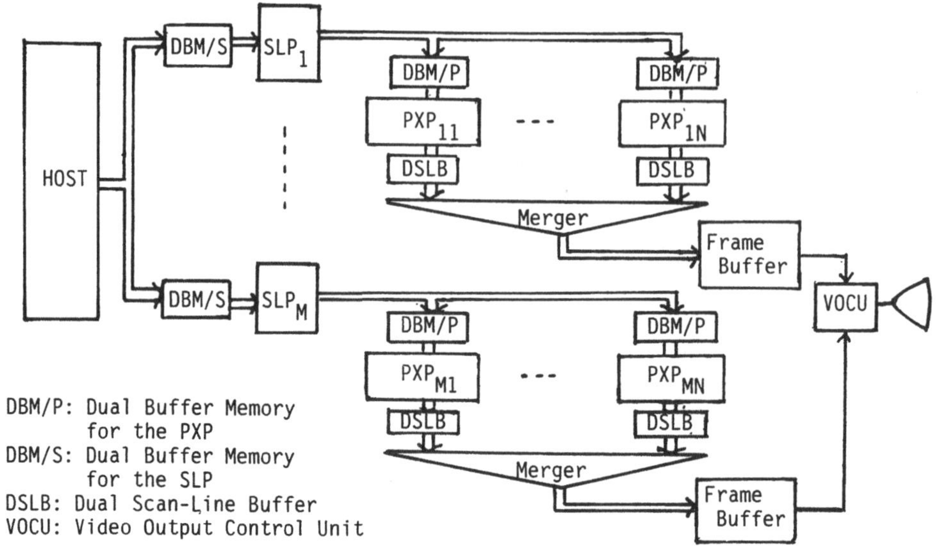

Abb. 5.1: EXPERTS [Ni84]

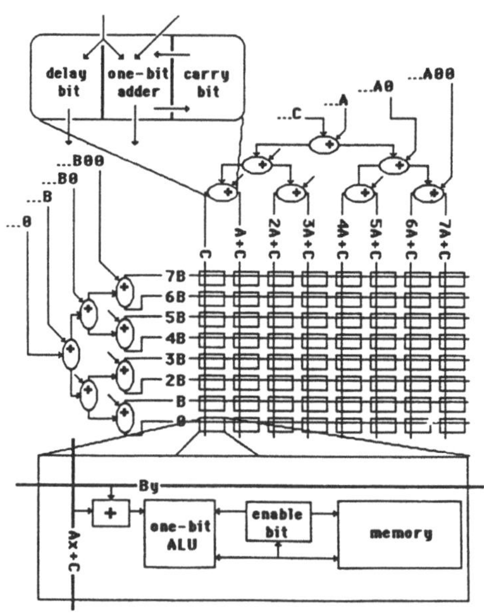

Abb. 5.2: PixelPlanes [FG85]

Leistung als die im wesentlichen auf schneller Gleitpunktarithmetik (8 MFlop) basierende WTE 7100 PC Solids Modeling Engine von Weitek, die zur Aufrüstung von IBM-PCs entwickelt wurde und 60 000 Pixel/sek. schafft [Wt85]. Die Solids Modeling Engine realisiert ebenfalls den Tiefenpufferalgorithmus.

Ein aufwendigeres, ebenfalls in VLSI-Technologie realisiertes System ist PixelPlanes von Fuchs et al. [FG85]. Diesem liegt ebenfalls das Tiefenpufferkonzept zugrunde, erweitert dieses aber signifikant. Jeder PixelPlanes-Chip adressiert einen Teil des Bildschirms, z.B. 8x8 Pixel, und besitzt einen kleinen, sehr beschränkten Prozessor für jedes Pixel. Jeder dieser Prozessoren verfügt über 72 Bit Speicher. Entscheidend sind zwei Baumstrukturen, die ebenfalls auf dem Chip vorhanden sind, vgl. Abb. 5.2. Diese erlauben es zusammen mit den Pixelprozessoren für gegebene A, B, C die Ausdrücke $Y = A * i + B * j + C$, $i, j \in \{1, ..., 8\}$ auszuwerten, wobei das Ergebnis bitseriell am Prozessor des Pixels $[i, j]$ anfällt. Die Kanten der darzustellenden Polygone werden zum Chip gesendet und jeder Prozessor stellt fest, ob sein Pixel auf der Innenseite der Kante liegt oder nicht. Das geschieht durch paralleles Auswerten eines linearen Ausdrucks der obigen Form. Prozessoren, die außerhalb liegen, schalten sich bis zur ersten Kante des nächsten Polygons aus. Prozessoren, die innerhalb liegen, vergleichen den aktuellen Tiefenwert mit der Tiefe des Polygons an diesem Pixel. Die Berechnung der Tiefe des Polygons geschieht ebenfalls durch paralleles Auswerten eines linearen Ausdrucks, der von der Ebenengleichung des Polygons herrührt. Wenn das Polygon weiter als der gespeicherte Tiefenwert entfernt ist, schaltet sich der Prozessor bis zur ersten Kante des nächsten Objekts aus. Nur Prozessoren, die nach Abarbeiten aller Kanten noch aktiv sind, tragen schließlich für das aktuelle Polygon zum Bild bei. Diese Prozessoren aktualisieren ihre Tiefenwerte, berechnen die Intensität der Polygonpixel und speichern die Intensitätswerte in ihrem 72 Bit-Speicher in dem als Bildwiederholspeicher vorgesehenen Teil. Nachdem alle Kanten eines Polygons abgearbeitet sind, werden die Prozessoren zurückgesetzt, um dann das nächste Polygon abzuarbeiten.

Pixelplanes ist in beschränktem Umfang programmierbar. Das erlaubt es, zusätzlich zur einfachen Tiefenpuffer-Sichtbarkeitsberechnung weitere Effekte einzubringen, nämlich alle die, die auf das Auswerten von bilinearen Ausdrücken zurückzuführen sind. So kann eine Anti-Aliasbehandlung, Schlagschatten, Textur und Transparenz realisiert werden. Eine neue Entwicklung ist PixelPowers , bei dem die Baumstrukturen für lineare Ausdrücke auf quadratische erweitert werden. Von Goldfeather et al. [GH86] wird gezeigt, wie CSG-Szenen über quadratischen Primitiven mit PixelPowers effizient in ein Bild umgesetzt werden können.

Neben diesen existierenden Maschinen gibt es verschiedene theoretische Vorschläge zur Parallelisierung des Tiefenpufferalgorithmus. Cohen und Weinberg [We81] schlagen eine lineare Prozessorkette vor, wobei jeder Prozessor ein Objekt speichert. Von Parke [Pa80] stammt ein verteilter Tiefenpufferalgorithmus. Das Bild wird wie bei PixelPlanes in Teilbilder zerlegt, die Prozessoren zugewiesen werden. Diese bilden die Blätter eines Split-Trees, der die ankommenden Objekte auf die Prozessoren verteilt, in deren Teilbild das Objekt sichtbar sein könnte.

Für die momentan sehr aktuelle CSG-Modellierung wurden parallele Konzepte von Kedem und Ellis sowie von Woodwark et al. vorgeschlagen [DD85]. Die Kedem/Ellis-Maschine besteht aus zwei Teilen, einer Menge von Primitivobjektklassifikationsprozessoren (PC), die den Durchschnitt der Primitivobjekte mit den Strahlen berechnen, und einer Anzahl von Klassifikations- und Kombinationsprozessoren (CC), die die CSG-Baum-Operationen implementieren. Jedem PC ist ein Objekt zugewiesen. Die PCs arbeiten die Strahlen nacheinander ab. Für jeden Strahl werden die Schnittintervalle mit den Primitivobjekten bestimmt. Der CSG-Baum wird von den Blättern her abgearbeitet, indem die Intervallfolgen für die Einzelobjekte mit dem Operator des CSG-Baumknotens verknüpft werden. Diese Verknüpfung erfolgt durch die CCs. Die CCs sind in einem rechteckigen Gitter angeordnet. In dieses Gitter wird der CSG-Baum eingebettet. Der CSG-Baum kann nicht fest verdrahtet werden, da er sehr unterschiedliche Form annehmen kann. Es wird ein Einbettungsalgorithmus angewendet, der die Einbettung eines beliebigen CSG-Baums mit n Knoten in ein $n * \log n$ - Rechteck erlaubt, so daß die Blätter des Baums am Rand liegen.

Die Vorschläge von Woodwark et al. basieren auf einem Octtree-Algorithmus für CSG-Szenen [MQ85]. Dieser Algorithmus teilt den Szenenraum in mit hinreichend wenigen Objekten besetzte Zellen ein. Jeder der Zellen entspricht ein reduzierter CSG-Baum, in dem nur noch die in der Zelle relevanten Objekte eingehen. Ein Verfahren ist nun das, die Raumaufteilung so fein zu machen, daß pro Zelle im wesentlichen ein Objekt auftritt. Auf diesen Octtree wird dann ein spezielles Verfahren der Sichtbarkeitsberechnung angewendet, z.B. der Aufbau des Bildes nach fallender Entfernung der Voxel vom Augenpunkt, oder Strahlverfolgung. Ein Vorschlag der Hardware-Realisierung ist, verschiedenen Prozessoren ein Teilbild zuzuordnen. Diese Prozessoren arbeiten nur noch auf den sie interessierenden Voxeln bzw. reduzierten CSG-Bäumen. Das kann allerdings zu einer unausgewogenen Auslastung der Prozessoren führen, die durch Verfeinern des Konzepts, etwa durch Kommunikation zwischen den Prozessoren, vermindert werden kann [DD85,BW81].

Die beim Vorschlag von Woodwark et al. benötigte Umsetzung in eine räumliche gerasterte Szene entfällt, wenn die Szene schon in Voxelform vorliegt, also etwa als Folge von Tomographieschnitten. Die von Jackel entwickelte PARCUM-Maschine [Ja85], die im wesentlichen als leistungsfähiger Voxelspeicher angelegt ist, ermöglicht den Aufbau von Rasterbildern aus Voxelszenen mit der für interaktive Anwendungen benötigten Geschwindigkeit.

Die bisher bekanntgewordenen Parallelarchitekturen zur Beschleunigung der Bilderzeugung durch Strahlverfolgung sind praktisch alle zur Realisierung als Multimikroprozessorsysteme angelegt. Eine Konzeption für Multimikroprozessorsysteme ist es, mehrere Prozessoren über einen gemeinsamen Bus kommunizieren zu lassen. Über diesen Bus besteht zusätzlich die Möglichkeit des Zugriffs auf weitere Speicherbereiche, die den bei jedem Prozessor vorhandenen lokalen Speicher ergänzen. Eine derartige Maschine mit Namen CRISTAL wurde von Bouville, Brusq et al. [Br84] speziell unter dem Gesichtspunkt der effizienten Bilderzeugung durch Strahlverfolgung entwickelt. Der Aufbau von CRISTAL ist in Abb. 5.3 skizziert. Ein besonderes Merkmal ist, daß die Prozessoren CPIX (= calculateur de pixel) auf mehrere lokale Busse verteilt sind. Zusätzlich zu den Pixelprozessoren gibt es an jedem lokalen Bus noch einen Speichermodul. Die lokalen Busse sind über einen Controler CAL (controleur d'accès local) an einen globalen Bus angefügt. Einer der lokalen Busse nimmt eine Sonderstellung ein. Über ihn werden die dreidimensionale Szene bereitgestellt und die berechneten Bildpunkte ausgegeben.

Die Bildberechnung erfolgt nun so, daß die dreidimensionale Szene auf die Pixelprozessoren CPIX verteilt werden. Jeder Prozessor erhält die gesamte Szenenbeschreibung. Ferner wird jedem Pixelprozessor mitgeteilt, welche Teile, d.h. Pixel, er zu berechnen hat. Die Berechnung der Intensitätswerte dieser Pixel wird von den Pixelprozessoren parallel durchgeführt und das Ergebnis über den globalen Bus in den Bildwiederholspeicher geschrieben. Bei umfangreichen Szenen kann es passieren, daß ihre Beschreibung nicht mehr in den lokalen Speicher der Pixel-

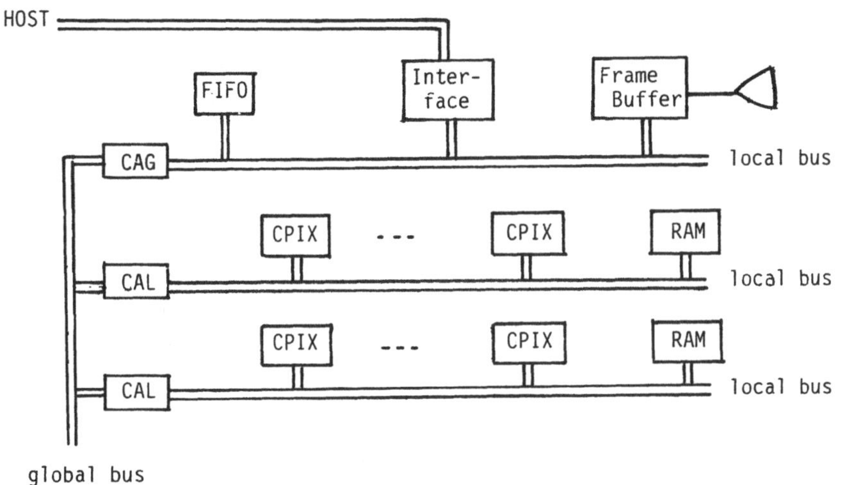

Abb. 5.3: CRISTAL [Br84]

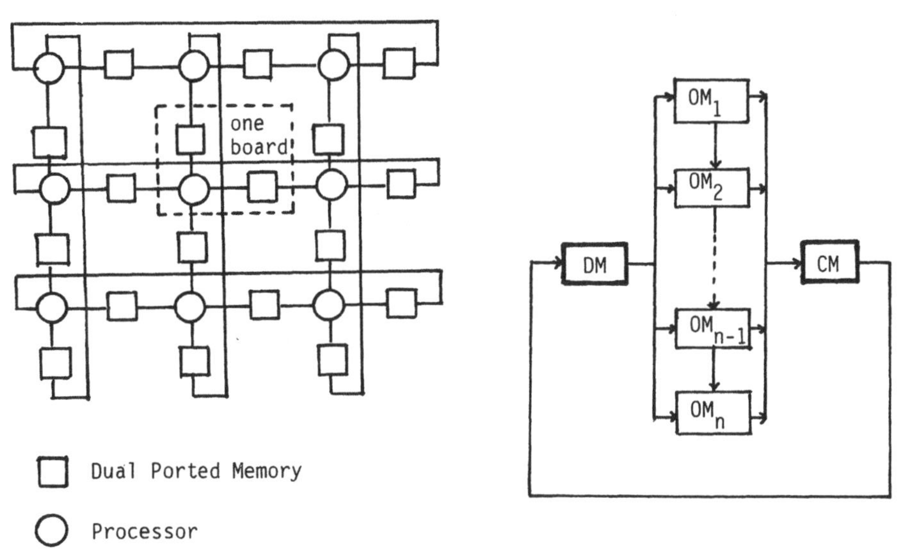

Abb. 5.4: CM^2 [CW86]   **Abb. 5.5:** LINKS-1 [NK83]

prozessoren paßt. Dann werden Szenenteile, die weniger häufig benutzt werden, in dem von den Porzessoren geteilten externen Speicher auf dem lokalen Bus abgelegt.

Ein Prototyp von CRISTAL wurde auf Basis des NS32332 mit Gleitpunktcoprozessor NS32081 auf VME-Bus realisiert. Im maximalen Ausbau verfügt CRISTAL über 128 Pixelprozessoren.

Eine andere Topologie, die verschiedene Realisierungen erfahren hat, sind die gitterförmigen Prozessorarrays. Diesem Konzept folgt auch die an der University of Calgary entwickelte Maschine CM^2 (=the Calgary Mesh Machine). Der Aufbau von CM^2 ist in Abb. 5.4 gezeigt. Sie besteht aus Mikroprozessoren (M68000) mit 512KByte lokalem RAM. Die Kommunikation zwischen den Prozessoren erfolgt über 4K-Dualportspeicher. Jeder Prozessor hat vier dieser Speicher in seinem Adreßbereich. Die Speicher sind vollständig asynchron, so daß die beiden Prozessoren, die ihn adressieren, nicht synchronisiert zu sein brauchen. Die verfügbare Kommunikationsbandbreite durch einen solche Speicher ist 16 MByte pro Sekunde. Jeder Speicher ist in zwei 2 KByte-Ringpuffer aufgeteilt, einen für jede Richtung des Datentransfers.

Die Bilderzeugung durch Strahlverfolgung auf CM^2 folgt der Raumaufteilungsstrategie. Die Quaderhülle der Szene wird in Teilquader aufgeteilt, indem z.B. die x-y-Seite gerastert wird. Jeder Prozessor erhält einen solchen Quader zugewiesen, wobei benachbarte Quader in naheliegender Weise auf benachbarte Prozessoren verteilt werden. Jeder Prozessor speichert die Information der Oberflächenteile, die seinen Quader schneiden. Diese Initialisierung ist Gegenstand der Vorverarbeitungsphase. Beim anschließenden Strahlverfolgen wird jeder Strahl durch ein Paket repräsentiert, das seine Richtung sowie als weitere Information die Intensität (RGB), den Index des Pixels, von dem er initiiert wurde, den Ort, wo er in einen Unterquader eintritt, sowie einen Zähler enthält. Die Pakete werden von einem Prozessor zu einem benachbarten weitergegeben, so wie die Wege der Strahlen durch die Szene simuliert werden. Wenn ein Prozessor ein Strahlpaket erhält, überprüft er, ob der Strahl irgendein Objekt schneidet. Im einfachsten Fall gibt es keinen Schnitt. Dann wird das Strahlpaket zu dem Prozessor weitergegeben, der den nächsten vom Strahl zu durchlaufenden Quader besitzt. Das ist einer der benachbarten Prozessoren. Falls der Strahl ein Objekt schneidet, wird ein neuer Strahl in Spiegelungs- oder Brechungsrichtung losgeschickt, falls das Objekt die entsprechende Eigenschaft hat. Schließlich wird die Intensität der diffusen Reflexion auf dem Pfad des urspünglichen Strahls zurückgegeben. Diese Information wird in ein Antwortpaket codiert, das von Prozessor zu Prozessor an die Stelle zurückgegeben wird, wo der Strahl startete. Das Antwortpaket enthält eine Intensität (RGB), einen Pixelindex sowie eine Zählvariable. Es können ein oder mehrere Antwortpakete für ein gesendetes Paket zurückkommen. Um festzustellen, wann ein Strahl vollständig abgearbeitet ist, wird der Zähler verwendet. Dieser wird zu Beginn auf 0 gesetzt. Immer wenn ein Strahl in Unterstrahlen zerlegt wird, wird er Zähler um 1 erhöht und an die Unterstrahlen vererbt. Alle Strahlen eines Pixels sind dann abgearbeitet, wenn die richtige Anzahl von Paketen auf den verschiedenen Stufen zurückgekommen sind. Das kann durch Summation festgestellt werden.

Wenn ein Antwortpaket zurückkommt, wird seine Intensität in das Pixel akkumuliert, von dem es initiiert wurde. Ein Strahl, der den Rand des Prozessornetzes erreicht, wird dann daraufhin untersucht, ob er in Richtung einer Lichtquelle geht. In diesem Fall wird ein Antwortpaket mit der entsprechenden Intensität gesendet, andernfalls mit der Intensität 0.

Dieser Algorithmus weist verschiedene Probleme auf. Bei inhomogener Verteilung der Objekte über die Szene ist die Speicherauslastung der Prozessoren sehr unterschiedlich, ja es können sogar Szenen von einer Größe nicht behandelt werden, die von der Gesamtspeicherkapazität des Prozessornetzes her aber noch gut möglich wären. Hierzu gibt es Vorschläge von Dippé und Swensen [DS84] für eine angepaßte Raumunterteilung, die diesen Defekt zwar vermindert, aufgrund der komplexeren Zellberandungen aber einen höheren Rechenaufwand erfordert. Ein anderes Problem tritt auf, wenn sich Strahlen auf Teile der Szene konzentrieren. Es kann passieren, daß praktisch alle Strahlen von nur sehr wenigen Prozessoren zu bearbeiten sind, wodurch der Strahlendurchsatz erheblich reduziert wird.

Eine interessante Alternative bietet LINKS-1 [NK83]. Diese Maschine besteht aus einer linear verknüpften Folge von Prozessoren. Zusätzlich können diese Prozessoren aber auch parallel mit Information versorgt werden bzw. parallel Information weitergeben, vgl. Abb. 5.5. Die Prozessoren sind durch Standardmikroprozessoren (Z8001,i8086/87) realisiert. Diese Architektur wurde speziell zur Erzeugung realistischer Bilder entwickelt, wobei über die Details der verwendeten Algorithmen nur wenig bekannt ist. Der Vorteil der Architektur ist, daß sowohl volle Parallelität als auch effizientes Pipelining möglich ist.

Mittlerweile werden spezielle Prozessoren angeboten, die die wechselseitige Kommunikation besonders unterstützen. Ein Beispiel ist der Transputer von INMOS [IN85]. Diese Maschinen sind von besonderem Interesse, da auch eine angepaßte Programmiersprache, OCCAM, zur Verfügung steht.

Diese Übersicht zeigt die Vielfalt der Möglichkeiten zur schnelleren Bilderzeugung durch Parallelarbeit. Im folgenden werden die Parallelisierungsmöglichkeiten des Strahlverfolgungsverfahrens detaillierter untersucht. Gegenstand von Kap. 5.1 ist ein Strahlverfolgungsalgorithmus für Vektorrechner. Viele der heutigen Supercomputer arbeiten nach diesem Prinzip, bei dem die arithmetische Verknüpfung von Vektoren durch pipelinemäßiges Abarbeiten sehr schnell ausgeführt wird. Diese Rechner können auch für nicht rein numerische Aufgaben, etwa Suchprobleme, vorteilhaft eingestetzt werden. Ein Beispiel ist die Bilderzeugung, wo insbesondere das Scanline- und das Tiefenpufferverfahren vektorisiert existieren. Über die kommerziell eingesetzten Implementierungen ist praktisch nichts bekannt. In [Ga86] wird eine Implementierung des Scanline-Verfahrens auf einer Cray 1 beschrieben.

Ein extensives Ausnutzen von Pipelining beinhaltet das von Kung [MC79] formulierte systolische Konzept. Dabei wird ein Strom von Daten durch ein meistens regelmäßig aufgebautes Prozessornetzwerk gepumpt und von den Prozessoren nach vorgegebenen Regeln manipuliert. Dieses Prinzip ist auf eine große Klasse von Problemen anwendbar, insbesondere auch geometrische [Ch84]. Einer seiner Vorteile ist es, daß es sich für VLSI-Chip-Implementierungen gut eignet, aber auch auf höheren Hardwarestrukturen realisierbar ist. In Kap. 5.2 werden weitgehend systolisch arbeitende parallele Strahlverfolgungsalgorithmen auf verschiedenen Szenentypen vorgestellt. Diese Szenentypen sind die unstrukturierten Mengen aus Objekten (Kap. 5.2.1), CSG-Szenen (Kap. 5.2.2) und Makroszenen (Kap. 5.2.3).

5.1 Vektorrechner

Neben schneller Hardware und relativ hoher Speicherressourcen wird Geschwindigkeit bei Supercomputern über verstärkte Parallelausführung von Operationen erreicht. Bei Vektorprozessoren, für die die Cray-Rechner, die Cyber 205 sowie die Siemens VP100/VP200 typische Beispiele sind [HJ81], können etwa Vektoren aus Zahlen durch Operationen verknüpft werden, die sehr schnell nach dem Pipelineprinzip ausgewertet werden. Insbesondere bei der Cyber 205 wird eine besonders hohe Geschwindigkeit erst bei der Verarbeitung relativ langer Vektoren erreicht, da die Start-up-Zeit recht hoch ist. Die folgende Tabelle zeigt die wichtigsten Vektorbefehle und deren Ausführungszeiten:

Befehl	Ausführungszeit (32 Bit)
A:=B+C	$51 + N/(2*P)$
A:=B*C	$52 + N/(2*P)$
A:=B/C	$68 + N/(0.3*P)$
A:= 1/B	$67 + N/(0.3*P)$
A:=gather(B,IX)	$75 + N/0.8$
(A[I]:=B[IX[I]], I=1,...,N)	
A:=scatter(B,IX)	$69 + N/0.8$
(A[IX[I]]:=B[I])	
A:=compress(B,Z)	$69 + N/(2*P)$
(die B[I], für die Z[I]	
=1, werden in A komprimiert)	
A:=expand(B,Z)	$73 + N/(2*P)$
(falls Z[I]=1, wird A[I] gleich	
dem nächsten Element von B	
gesetzt, Umkehrung von compress)	
A:=min(B,C)	$75 + N$

Angabe in Takten zu 20 nsec
N: Vektorlänge, maximal N = 64K-1
P: Anzahl der Pipes (Vektorprozessoren, hier: P=2, max. P=4)

Diese Angaben sind [Fe85] entnommen. Um diese Besonderheiten auszunutzen, werden spezielle Algorithmen benötigt. Die Analyse des Befehlssatzes von Vektorprozessoren zeigt, daß neben numerischen Problemen insbesondere Suchprobleme effizient zu lösen sind, bei denen eine große Anzahl gleichwertiger Anfragen auf eine Datenmenge aufgesammelt werden können, um sie gemeinsam zu verarbeiten (Batchanfragen). Diese Situation ist bei der Bilderzeugung durch Strahlverfolgung gegeben, wenn die Strahlen nicht einzeln, sondern generationsweise wie beim Bilderzeugungsalgorithmus durch inverse Strahlanfrage in Kap. 4 abgearbeitet werden. Ein einfaches Vorgehen zum Beantworten von Batchanfragen ist es, jede Anfrage mit jedem Objekt der angefragten Datenmenge zu testen. Das geschieht durch Verknüpfung eines Anfragevektors mit einem Objektvektor, die einen Bitvektor liefert, der dort eine "1" enthält, wo die Anfrage positiv beantwortet wird. Diese unmittelbare Lösung, die von Plunkett und Balley [PB85] implementiert wurde, ist nur für kleine Objektanzahlen möglich, d.h. höchstens 200 Objekte bei dieser Implementierung. Eine andere Möglichkeit ist es, die Batchanfrage auf eine gute sequentielle Datenstruktur anzuwenden, indem quasi parallel alle Anfragen Schritt für Schritt durch die Datenstruktur verfolgt werden. Dieser Weg wird im folgenden eingeschlagen. Die verwendete sequentielle Datenstruktur ist die Gitterstruktur aus Kap. 3.2. Dort werden die Objekte der Szene in einer Vorverarbeitungsphase zunächst den sie schneidenden Zellen einer regulären Gittereinteilung zugeordnet. Die Strahlverfolgung geschieht dann in dieser Datenstruktur durch Anwenden eines schnellen Vektorgenerators, der die getroffenen Zellen durch inkrementelle Addition herausfindet. Diese Anfrage wird bei dem folgenden Vektorrechneralgorithmus für ein ganzes Bündel von Strahlen quasi parallel durchgeführt.

Definiton 5.1.1 Algorithmus zur Berechnung der ersten Auftreffpunkte einer Menge von Strahlen

Hauptdatenstrukturen:

Die im folgenden als "Vektor" bezeichneten Datenstrukturen bestehen u.U. aus mehreren Vektoren der jeweils angegebenen Dimension. Z.B. besteht die Objektliste OBJLIST[1..n] bei Dreiecken als Objekten aus neun Vektoren aus reellen Zahlen, je ein Vektor für einen der neun Koordinatenwerte der drei Eckpunkte. Vektoren sind Arrays, auf die Vektoroperationen wie die in der Tabelle anwendbar sind.

VEKTOR OBJLIST[1..n]: Liste der Szenenobjekte;
VOBJNUM[1..d]: Liste von Objektnummern, d.h. Indizes von OBJLIST;
QUASTART[$1..n_x \times n_y \times n_z$]: erster Index der Objektliste zu einer Zelle;
STRAHLEN[1..m]: Vektor der zu verfolgenden Strahlen;
I[1..m]: Indexvektor der aktuell von den Strahlen durchlaufenen Zellen;
TREFFER[1..m]: enthält am Ende zu jedem Strahl die Objektnummer des ersten von ihm getroffenen Objekts, falls es eines gibt;
SOBJEKTE[1..s]: enthält auf Schnitt zu testende Objekte;
SSTRAHLEN[1..s]: enthält die mit den Objekten in SOBJEKT auf Schnitt zu testenden Strahlen;

Unteralgorithmus Vorverarbeitung

Die Objekte werden entsprechend ihren extremen Koordinatenwerten in die Zellen eines vorgegebenen Gitterrasters eingefügt. Die Objektlisten der Zellen werden sequentiell hintereinander im Vektor VOBJNUM abgelegt und deren Anfangsindex im Vektor QUASTART abgespeichert. Der Aufbau der Listen geschieht dadurch, daß das Gitter in x-, y- und z-Richtung in Scheiben zerlegt wird. Für jede Scheibe wird ein Bitvektor mit der Objektanzahl als Länge angelegt. Für ein die Scheibe schneidendes Objekt wir das entsprechende Bit auf 1 gesetzt. Sind die Objekte Dreiecke, so können die relevanten Strahlen voll vektoriell durch Vergleich der extremen x-, y- und z-Koordinaten mit den Scheibenkoordinaten bestimmt werden. Den Inhalt eines Quaders liefert die vektorielle "und"- Verknüpfung der entsprechenden Scheibenvektoren. Mit dem compress-Befehl erhält man die Indizes derjenigen Objekte, für die im Ergebnisvektor "1" gesetzt ist. Der Vektor dieser Indizes wird an VOBJNUM angehängt und sein Anfangsindex in QUASTART vermerkt.

Unteralgorithmus Strahlanfrage

Der Vektor STRAHLEN der zu verfolgenden Strahlen repräsentiert sechs Vektoren S_w, A_w, $w \in \{x, y, z\}$. $(S_x[i], S_y[i], S_z[i])$ ist die normalisierte Richtung, $(A_x[i], A_y[i], A_z[i])$ der Anfangspunkt eines der Strahlen, vgl. Strahlgeneratoralgorithmus aus Kap. 3.2. Für dieses Bündel wird der Strahlgenerator initialisiert, d.h. die Vektoren I_x, I_y, I_z der Anfangsindizes berechnet. Diese Indexvektoren werden quasi parallel nach den Regeln des Strahlgenerators hochgezählt. Durch Test gegen die möglichen Extremwerte von I_x, I_y, I_z wird festgestellt, welche Strahlen das Szenengitter verlassen. Diese werden im Vektor "Treffer" mit "0" markiert. Zu Beginn ist Treffer mit -1 initialisiert, was bedeutet, daß der Strahl noch zu verfolgen ist.

Das Hochzählen des Indexvektors I wechselt sich mit der Objektaufsammelphase und der Schnittberechnungsphase ab, wozu die Datenstrukturen der Vorverarbeitung, OBJLIST, QUASTART und VOBJNUM verwendet werden. Darin wird der Vektor SOBJEKTE aufgebaut, indem die Indizes in I durch die Objektlisten der entsprechenden Zelle ersetzt werden. Über QUASTART und VOBJNUM erhält man die Verweislisten, über die aus OBJLIST die Objektinformation zu extrahieren ist. Der Objektaufsammelschritt läuft weitgehend sequentiell ab.

Die nun folgende Schnittberechnung kann bei geeignetem Objekttyp wieder voll vektorisiert durchgeführt werden. Dazu wird der Vektor SSTRAHLEN aus Strahlen dadurch erzeugt, daß die Strahlen entsprechend der Länge der Objektliste der von ihr getroffenen Zelle vervielfältigt werden. Sind die Objekte Dreiecke der Form $p = q + \mu u + \nu v$, $0 \leq \mu, \nu, \mu + \nu \leq 1$, so besteht SOBJEKTE aus drei Teilvektoren SQ, SU und SV. Der Strahl wird in Parameterform $p = a + \lambda s$ angesetzt, d.h. SSTRAHLEN besteht aus den Teilvektoren SA und SS. Die Schnittbedingung lautet dann in Determinantenschreibweise

$$0 \leq \mu = \frac{\begin{vmatrix} -s & a-q & v \end{vmatrix}}{\begin{vmatrix} -s & u & v \end{vmatrix}} \leq 1,$$

$$0 \leq \nu = \frac{\begin{vmatrix} -s & u & a-q \end{vmatrix}}{\begin{vmatrix} -s & u & v \end{vmatrix}} \leq 1,$$

$$0 \leq \frac{\begin{vmatrix} -s & a-q & v \end{vmatrix} + \begin{vmatrix} -s & u & a-q \end{vmatrix}}{\begin{vmatrix} -s & u & v \end{vmatrix}} \leq 1.$$

Diese Bedingungen sind unmittelbar vektoriell für die Vektoren SQ_w, SU_w, SV_w, SA_w, SS_w, $w \in \{x, y, z\}$ auszuwerten. Die λ-Werte, für die diese Schnittbedingungen gültig sind, sind am Ende in einem Vektor LAMBDA[1..s] zwischengespeichert, wobei die anderen Ergebnisse ∞ sind. Mit dem MIN-Befehl wird aus LAMBDA Strahl für Strahl der kleinste λ-Wert bestimmt. Für die Strahlen, für die ein Treffer gefunden wurde, wird in TREFFER die Nummer des getroffenen Objekts eingetragen.

Auf die Strahlverfolgungsphase folgt dann ein weiteres Hochzählen von I.

Satz 5.1.1 Aufwand des Vektorschnittestalgorithmus

Sei

a_k der Zeitaufwand für eine arithmetische Vektoroperation auf Vektoren der Länge k

b_k der Zeitaufwand für eine boolesche Vektoroperation auf Vektoren der Länge k

z_k der Zeitaufwand für eine Wertzuweisung zwischen zwei Vektoren der Länge k.

Der Aufwand des Vektorschnittestalgorithmus zum Auffinden eines ersten von einem Strahl getroffenen Objekts bei m gegebenen Strahlen und n gegebenen Objekten bei einem n_xxn_yxn_z-Gitterraster ist

- für die Vorverarbeitung

$$T_v(n, n_x, n_y, n_z) = O(n_x + n_y + n_z) * a_n + O(n_x n_y n_z) * b_n + \sum_{i=1}^{n_x n_y n_z} O(1) * z_{l_i}$$

mit l_i die Länge der Objektliste von Zelle i,

$$S_v(n, n_x, n_y, n_z) = O(n * (n_x + n_y + n_z) + \sum_{i=1}^{n_x * n_y * n_z} l_i)$$

- für die Strahlanfrage

$$T_s(n, m, n_x, n_y, n_z) = O(\sqrt{n_x{}^2 + n_y{}^2 + n_z{}^2} * a_m$$
$$+ \sum_{i=1}^{\sqrt{n_x{}^2 + n_y{}^2 + n_z{}^2}} (\sum_{j=1}^{m} a_{t_{ij}})$$
$$+ \sum_{i=1}^{\sqrt{n_x{}^2 + n_y{}^2 + n_z{}^2}} (a_{\sum_{j=1}^{m} t_{ij}} + \sum_{j=1}^{m} a_{t_{ij}})),$$

mit t_{ij} die Anzahl der mit Strahl j auf Schnitt getesteten Objekte der i-ten durchlaufenen Zelle,

$$S_s(n, m, n_x, n_y, n_z) = O(m + \max_{i=1,\dots,\sqrt{n_x{}^2 + n_y{}^2 + n_z{}^2}} \{\sum_{j=1}^{m} t_{ij}\}).$$

Beweis: Der Zeitaufwand der Vorverarbeitung setzt sich zusammen aus dem Objektschnittest für die Scheiben, der "und"-Verknüpfung zum Finden der die Zellen schneidenden Objekte und dem Aufbau der Zellisten. Die Abschätzung gilt unter der Bedingung, daß der Objektschnittest vektorisiert durch Verknüpfen konstant vieler Vektoren der Länge n durchzuführen ist. Das ist etwa bei Dreiecken als Objekten gegeben.

Der Speicheraufwand der Vorverabeitung setzt sich aus dem für die $n_x + n_y + n_z$ Bitvektoren der Länge n sowie für die resultierenden Vektoren VOBJNUM, QUASTART und OBJLIST zusammen.

Bei der Strahlanfrage werden maximal $O(\sqrt{n_x^2 + n_y^2 + n_z^2})$ Indexerhöhungen, Aufsammlungen und Schnittests durchgeführt. Der Aufwand für eine Erhöhung ist $O(1) * a_m$. Der zweite Term schätzt das Aufsammeln ab. Dabei ist $t_{ij} = l_{k_j}$ oder $t_{ij} = 0$, wobei l_{k_j} die Länge der Objektliste der j-ten getroffenen Zelle ist. $t_{ij} = 0$ ist dann gültig, wenn ein erstes getroffenes Objekt bereits gefunden wurde. Der dritte Term schätzt den Schnittest ab und setzt sich zusammen aus dem Aufwand für den eigentlichen Schnittest und für das Bestimmen des minimalen Treffers. Ersteres gilt, wenn der Schnittest vektorisiert durch eine konstante Anzahl von Vektoroperationen der Länge $\sum_{j=1}^{m} t_{ij}$ ausgeführt werden kann. Das ist etwa bei Dreiecksobjekten erfüllt.

Bei der Bilderzeugung werden die Strahlen in Bündeln zusammengefaßt, für die generationsweise ein erstes Objekt bestimmt wird. Eine im Rahmen einer Diplomarbeit (Christmann) durchgeführte Implementierung auf einer Cyber 205 eines Bilderzeugungssystems auf dieser Grundlage verwendet Bündel aus 8K Strahlen. Treffen die zu Beginn verfolgten Strahlen auf spiegelnde oder durchsichtige Objekte, so wird aus dem ursprünglichen Strahlenbündel ein neues errechnet, das die Reflexions- und Brechungsstrahlen enthält. Da meist nur ein Teil der Strahlen reflektiert oder gebrochen wird, andererseits aber diejenigen, für die das geschieht, verdoppelt werden, ist es nützlich, die anderen Strahlen zu den Bildpunkten aus dem Bündel zu entfernen und die restlichen kompakt abzuspeichern. Dazu muß etwas Verwaltungsaufwand getrieben werden. In einem Vektor WORKPIX stehen die Pixelnummern, von denen die entsprechenden Strahlen im Vektor B abgeleitet sind. In B stehen u. U. Strahlen mehrerer Spiegel- und Brechungsgenerationen, d.h. Pixelnummern können mehrfach auftreten. Diese Generationen sind aufeinanderfolgend abgespeichert, wobei der Anfangsindex der einzelnen Generationen über einen weiteren Vektor PARTITIO gegeben sind.

Die Strategie ist nun die, die Primärstrahlen durch ihre Reflexions- und Brechungsstrahlen zu ersetzen. Das in B enthaltene Strahlenbündel wird verfolgt, dann an den Auftreffpunkten, wenn nötig, Reflexions- und Brechungsstrahlen berechnet und die Strahlen in B durch diese ersetzt. Das Verfahren wird entsprechend bis zur vorgegebenen Verfolgungstiefe iteriert. Nun kann es geschehen, daß die Anzahl der Strahlen der nächsten Generation zu groß ist, um in B untergebracht zu werden. Dann wird den Reflexionsstrahlen Priorität gegeben, d.h. nur diese werden in B abgespeichert. Die Transparenzgeneration wird auf einen Stapel (Stack) gelegt, der abgearbeitet wird, wenn das Strahlenbündel in B vollständig weiterverfolgt ist. Diese Vorgehensweise hat gegenüber der direkten Rekursionsauflösung, die den Strahlverfolgungsbaum in Tiefensuche Kante für Kante abarbeiten würde, den Vorteil, daß der Vektor B immer möglichst voll gehalten wird. Wie oben erwähnt, nutzen lange Vektoren die Pipeline-Abarbeitung voll aus, da wiederholte Start-up-Zeiten vermieden werden.

Die Antialiasbehandlung, vgl. Kap. 2.2, wird in der oben erwähnten Implementierung nur an kritischen Stellen durchgeführt. Die dabei angewendete Heuristik ist, nach Pixeln mit starkem Intensitätsunterschied zu Nachbarpixeln zu suchen. In einem solchen Fall wird das entsprechende Pixel in 16 Unterpixel zerlegt, für die jeweils ein Strahl verfolgt wird. Die entsprechenden Intensitätswerte werden in den endgültigen Farbwert des Pixels gemittelt. Auf dem Vektorrechner geschieht die Antialiasbehandlung so, daß zunächst für jedes der Pixel, die

Abb. 5.1.1: Kugelszene

Abb. 5.1.2: Gebirge

das aktuelle Strahlenbündel definieren, ein Strahl verfolgt wird. Danach werden aus diesen Pixeln diejenigen bestimmt, die eine Antialiasbehandlung benötigen. Für jedes dieser Pixel werden 15 weitere Strahlen verfolgt, wobei immer soviele Pixel zusammengefaßt werden, wie Strahlen im Vektor B unterzubringen sind. Das Strahlenbündel in B wird dann verfolgt und die Intensitäten gewichtet auf die zuvor berechneten Pixelintensitäten aufsummiert. Durch dieses Vorgehen wird garantiert, daß B maximal belegt ist und die Strahlverfolgung daher mit maximaler Geschwindigkeit abläuft.

Die folgende Tabelle zeigt die Zeiten für Abb. 5.1.1 und Abb. 5.1.2 in der Implementierung der oben erwähnten Diplomarbeit:

	Abb. 5.1.1		Abb. 5.1.2	
Objektanzahl	10 Kugeln, 10 Polygone		15 616 Dreiecke	
Raumrasterung	1x1x1		30x30x30	
Vorverarbeitung	0 %	0 sec	3 %	4 sec
Strahlengenerator	0 %	0 sec	3 %	5 sec
Aufsammeln der Objekte	51 %	74 sec	64 %	96 sec
Schnittpunktberechnung	18 %	27 sec	17 %	25 sec
Gesamtzeit	100 %	145 sec	100 %	150 sec
verfolgte Strahlen	2 441 289		1 033 663	
Zeit pro Strahl	0.06 msec		0.15 msec	
Schnittpunktanzahl	48 225 780		45 720 011	
Zeit pro Schnitt	0.56 μsec		0.55 μsec	

Zum Zeitanteil der einzelnen Schritte ist zu bemerken, daß das weitgehend sequentielle Aufsammeln die meiste Zeit verbraucht, d.h. 50-60 %. Die voll vektorisierbare Schnittpunktberechnung, d.h. die Berechnung der λ, μ und ν benötigt dagegen nur etwa 15-20 % der Rechenzeit. Der in der Tabelle nicht angegebene Rest geht auf die Auswertung der Beleuchtungsformel zur Intensitätsberechnung, die eine rationale Funktion ist und damit ebenfalls voll vektorisierbar ist.

5.2 Systolische Algorithmen

Die Algorithmen dieses Abschnitts werden unabhängig von einer speziellen Hardware-Implementierung angegeben. Sie sind aus meistens einfachen parallelen Prozessen aufgebaut, die in geeigneter Weise miteinander kommunizieren. Diese sind auf unterschiedliche Hardware-strukturen abzubilden.

5.2.1 Mengen aus Einzelobjekten

Um den ersten Auftreffpunkt für die Strahlen in einer Menge R bzgl. einer Menge S von Objekten zu bestimmen, sind wieder zwei prinzipielle Vorgehensweisen möglich: Vorverarbeiten der Strahlen oder Vorverarbeiten der Objekte.

Definition 5.2.1 Algorithmus "Parallele Strahlanfrage mit gespeicherten Strahlen"

Eingabe: m Strahlen, n Objekte.
Ausgabe: Für jeden Strahl ein erstes getroffenes Objekt.

Kommunikationsstruktur:

Eine lineare Folge von Prozessen P_i, $i = 1, ..., p$, $p \geq m$. Jeder Prozeß übernimmt eine Eingabe vom Vorgänger, bearbeitet diese und gibt sie an seinen Nachfolger weiter. Die lineare Prozeßkette wird von einem Hauptprozeß P bedient. Vgl. Abb. 5.2.1.

wichtige Datenstrukturen:

Prozeß P_i:
eine Variable für die Koeffizienten eines Strahls,
eine Variable für die Tiefe (proportional zum Abstand des Strahlanfangspunktes zu einem Objekt),
eine Variable zur Speicherung einer Objektnummer.

Ablauf:

Die Bearbeitung teilt sich in drei Phasen. In der Vorverarbeitungsphase werden die Strahlen durch die Prozesse P_i geschoben. Jeder Prozeß berechnet den Abstand des Auftreffpunktes seines Strahls mit dem aktuellen Objekt. Ist der Abstand kleiner als der bisher minimale, wird dieser auf den aktuellen Stand gebracht. Ferner wird das aktuelle Objekt als das bisher kleinste übernommen, indem die Variable zur Speicherung der Objektnummer die aktuelle Objektnummer erhält. Schließlich werden die Objektnummern rückwärts aus der Prozeßkette geschoben.

Der Aufwand eines parallelen Algorithmus wird im folgenden durch den Speicheraufwand S jedes Prozesses sowie die Gesamtzeit T der Berechnung gemessen.

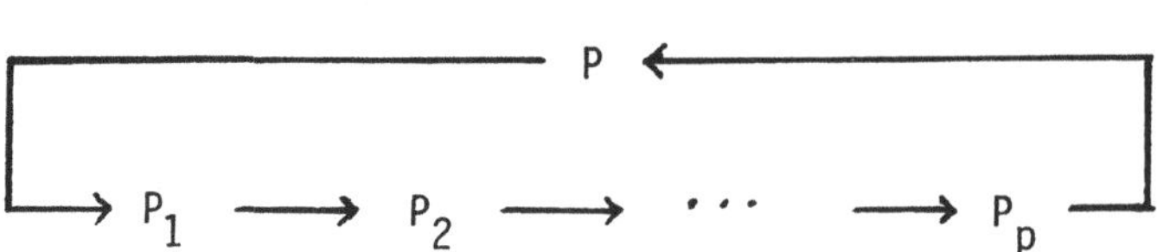

Abb. 5.2.1: Lineare Prozeßkette

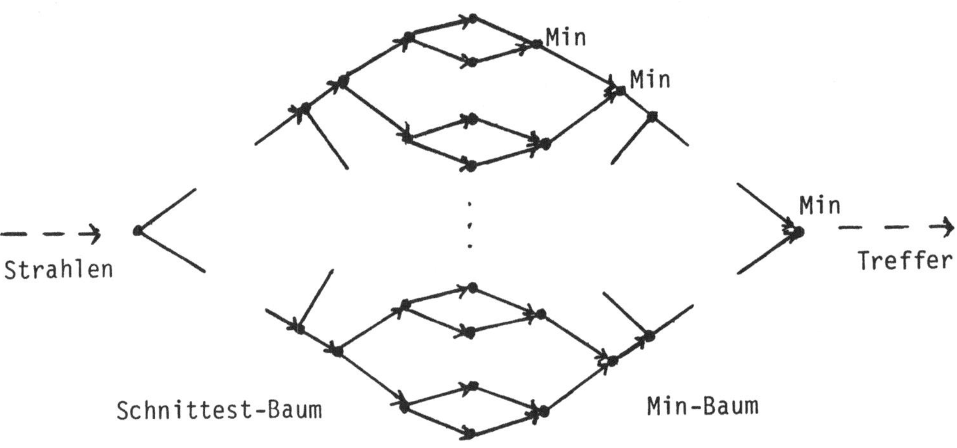

Abb. 5.2.2: Gespiegelter Baum

Satz 5.2.1 Aufwand gespeicherte Strahlen

Gegeben seien m Strahlen und n Objekte im R^3, $m, n \in N$. Der Algorithmus "Parallele Strahlverfolgung mit gespeicherten Objekten" mit p Prozessen, $p \geq m$, hat einen Aufwand von

$$S(P) = O(n + m), \quad S(P_i) = O(1), \quad i = 1, ..., p$$
$$T(m, n, p) = (3m + n) * O(1).$$

Beweis: unmittelbar.

Das obige Verfahren läßt sich unmittelbar als Koprozessor in den Bündelverfolgungsalgorithmus zur Bilderzeugung aus Kap. 4.1 einsetzen. Der Nachteil daran ist, daß für jede Strahlengeneration eine Vorverarbeitungsphase für die neue Strahlengeneration erfolgen muß. Das kann gespart werden, wenn die gesamte Berechnung, d.h. Intensitätsberechnung wie Ermittlung der Reflexions- und Brechungsstrahlen, in den einzelnen Prozessen der Prozeßkette lokal erfolgt.

Definition 5.2.2 Algorithmus "Parallele Bilderzeugung mit gespeicherten Strahlen"

Eingabe: Eine Szene S aus Objekten im R^3, k Lichtquellen $l_1,...,l_k$, ein Augenpunkt a, die Bildauflösung $m_x \mathrm{x} m_y$, eine Bildebene.

Ausgabe: ein $m_x \mathrm{x} m_y$-Rasterbild.

Kommunikationsstruktur:

Eine lineare Folge von Prozessen P_i, $i = 1,...,p$, $p \leq m_x \mathrm{x} m_y$. Jeder Prozeß übernimmt eine Eingabe vom Vorgänger, bearbeitet diese und gibt sie an seinen Nachfolger weiter. Die lineare Prozeßkette wird von einem Hauptprozeß P bedient.

wichtige Datenstrukturen:

Prozeß P_i:

Variablen für
- Koeffizienten eines Strahls
- Tiefe
- Normalenvektor
- Farbklassenindex
- Lichtquellenintensität
- Gesamtintensität.

Ein Keller (Stack) der Größe d, $d \in N$ für Koeffizienten von Reflexions- und Brechungsstrahlen.

Ablauf:

Zu Beginn werden vom Hauptprozeß aus Bildebene, Bildauflösung und Augenpunkt die Sehstrahlen berechnet und diese in die Prozeßkette hineingeschoben. Jeder Prozeß erhält so einen Strahl zugewiesen. Es folgt das Durchschieben aller Objekte durch die Prozeßkette, wobei wie in Def. 5.2.1 jeder P_i ein erstes getroffenes Objekt für seinen Strahl bestimmt. Ferner wird noch der Normalenvektor berechnet sowie dieser und die Farbklasse des Objekts gespeichert.

Für spiegelnde und brechende Objekte wird der Reflexions- und Brechungsstrahl berechnet und auf den Stack gelegt. Das geschieht parallel in allen Prozessen. Als nächstes sind die Lichtquellen sequentiell abzuarbeiten. Die Koordinaten einer Lichtquelle werden dazu durch die Prozeßkette geschoben, der Strahl vom Auftreffpunkt (der über die Tiefeninformation zu berechnen ist) zur Lichtquelle berechnet und dieser als neuer Strahl vom Prozeß übernommen. Ferner wird die Lichtquellenintensität gespeichert. Nach dieser Initialisierung werden wieder alle Objekte durch die Prozeßkette geschoben und wie in Def. 5.2.1 ein erstes getroffenes Objekt bestimmt. Alle Prozesse P_i, die keinen Auftreffpunkt finden, bringen die Gesamtintensität auf den neuen Stand, indem sie die Beleuchtungsformel für die aktuelle Lichtquelle auswerten. Dieser Vorgang wiederholt sich für alle Lichtquellen. Anschließend wird von jedem P_i der nächste Reflexions- oder Brechungsstrahl vom Stack geholt und analog wie für die Sehstrahlen zu Beginn verfahren. Am Ende enthalten die Intensitätsvariablen die Intensität des Bildes.

Satz 5.2.2 Aufwand Bilderzeugung mit gespeicherten Strahlen

Der Aufwand des Algorithmus "Parallele Bilderzeugung mit gespeicherten Strahlen" für ein Bild der Auflösung $m_x \mathrm{x} m_y$ aus einer Szene von n Objekten, k Lichtquellen und einer Strahlverfolgungstiefe t ist

$$S(P) = O(m_x * m_y + n), \quad S(P_i) = O(t),$$

$$T(m_x, m_y, n, t) = (m_x * m_y + (m_x * m_y + n + k * (2n + 1) * 2^t)) * O(1).$$

Dabei ist vorausgesetzt, daß die Anzahl p der Prozesse mindestens $m_x * m_y$ ist.

Beweis: Der Speicheraufwand ist klar. Der Zeitaufwand setzt sich zusammen aus der Zeit zum Initialisieren der Prozeßkette mit den Sehstrahlen ($O(m_x * m_y)$) sowie der Zeit zum Abarbeiten der insgesamt höchstens 2^t Primär- und Folgereflexions- und Folgebrechstrahlen. Für eine Generation solcher Strahlen werden zunächst die Objekte durchgeschoben, um den ersten Auftreffpunkt zu finden. Dann wird für jede der k Lichtquellen die Sichtbarkeit und evtl. ihr Beitrag zum Farbwert auf einer Objektoberfläche bestimmt.

Dazu muß zuerst die Lichtquelleninformation an die Prozeßkette übergeben werden, anschließend die n Objekte zum Blockiertest und darauf höchstens n Materialklassen zur Intensitätsberechnung. Für die insgesamt k Lichtquellen und 2^t Strahlengenerationen wird also eine Folge aus $n + k * (2n + 1) * 2^t$ Elementen durch die Prozeßkette geschoben. Das erfordert einen Zeitaufwand von $(m_x * m_y + n + k * (2n + 1) * 2^t) * O(1)$.

Für diesen Algorithmus sind verschiedene Modifikationen denkbar:

- Die lineare Pipeline kann durch einen ausgeglichenen Binärbaum aus Prozessen ersetzt werden. Die Prozesse arbeiten wie bisher, mit dem Unterschied, daß sie nun zwei Ausgänge besitzen, über die dieselbe Information weitergegeben wird. Das erhöht die Anzahl der Ausgänge. Der Vorteil ist, daß ein Term $m_x * m_y$ der Aufwandsabschätzung durch $\log m_x + \log m_y$ zu ersetzen ist.

- Die Pipeline kann durch Broadcasting ersetzt werden. Das spart einen Term $m_x * m_y$ ein. Das lohnt sich, wenn die Objektanzahl n klein gegen die Anzahl der Strahlen ist. Ferner werden die Prozesse einfacher, da sie nur noch einen Eingabeport, aber keinen Ausgabeport (bis auf den für die errechnete Gesamtintensität ihres Pixels) mehr haben.

- Die einzelnen Prozesse übernehmen mehr als einen Strahl. Ist die Anzahl der Strahlen pro Prozeß hoch, dann sollte dieser eine gute sequentielle Datenstruktur zur Schnittpunktsberechnung verwenden.

- Der Algorithmus kann für Teilmengen von Strahlen völlig unabhängig parallel durchgeführt werden.

Der jeweilige Aufwand kann leicht analog zu Satz 5.2.2 errechnet werden.

Bei dem nun folgenden Algorithmus werden die Objekte vorverarbeitet.

Definiton 5.2.3 Algorithmus "Parallele Strahlanfrage mit gespeicherten Objekten"

Eingabe: m Strahlen, n Objekte.

Ausgabe: Für jeden Strahl ein erstes getroffenes Objekt.

Kommunikationsstruktur:

Eine lineare Folge von Prozessen P_i, $i = 1,...,p$, $p \geq n$. Jeder Prozeß übernimmt eine Eingabe vom Vorgänger, bearbeitet diese und gibt sie an seinen Nachfolger weiter. Die lineare Prozeßkette wird von einem Hauptprozeß P bedient.

wichtige Datenstrukturen:

Prozeß P_i:

eine Variable für Objektkoeffizienten,
eine Variable für die Tiefe (proportional zum Abstand eines Strahlanfangspunkts zu einem Objekt),
eine Variable zur Speicherung eines Strahls oder eines Abstands.

Ablauf:

Es wird ein Datenstrom durch die lineare Prozeßkette geschoben. Dieser Datenstrom setzt sich aus den Strahlen zusammen, wobei für einen Strahl seine Koeffizienten, eine Variable für die Tiefe sowie eine Variable für eine Objektnummer durchgeschoben wird. Die Bearbeitung eines Strahls erfolgt in drei Phasen. In der ersten Phase erhält der Prozeß die Strahlparameter und ermittelt, ob ein Treffer mit seinem Objekt auftritt, und wenn so, die Tiefe. In der zweiten Phase übergibt er die Strahlparameter an seinen Nachfolger und übernimmt die Abstandsinformation. Ist die neue Tiefe kleiner, wird diese als neue Tiefeninformation übernommen. In der dritten Phase wird die Tiefeninformation weitergeschoben und die Objektnummer übernommen. Falls es einen Treffer gegeben hat, wird diese durch die Objektnummer des Prozesses überschrieben.

Satz 5.2.3 Aufwand gespeicherte Objekte

Gegeben seien m Strahlen und n Objekte im R^3, $m, n \in N$. Der Algorithmus "Parallele Strahlanfrage mit gespeicherten Objekten" mit p Prozessen, $p \geq n$, hat einen Aufwand von

$$S(P) = O(m + n), \quad S(Pi) = O(1), \quad p = 1, ..., n,$$

$$T(m, n, p) = (n + p + m) * O(1).$$

Beweis: unmittelbar.

Dieser Algorithmus ist unmittelbar als Koprozessor für den Generationsverfolgungsalgorithmus aus Kap. 4.1 einzusetzen. Eine Neuinitialisierung für jede Strahlengeneration ist unnötig, da die Objekte unverändert bleiben. Eine Beschleunigung wird erreicht, indem Prozesse nicht linear, sondern in Baumform angeordnet werden. Das erfordert einen weiteren, "gespiegelten" Baum, vgl. Abb. 5.2.2, dessen Knoten Prozessen entsprechen, die das Minimum der übernommenen Abstände bestimmen, die je zum gleichen Strahl gehören. Der Zeitaufwand reduziert sich zu $T(m, n, p) = O(n + \log p + m)$.

Eine triviale Beschleunigung kann erreicht werden, indem das Prozeßsystem mehrmals angelegt wird und von jedem nur ein Teil der Strahlen bearbeitet wird. Gibt es weiterhin nur einen Hauptprozeß, so hängt die maximal sinnvolle Anzahl identischer Kopien davon ab, wie viele er nacheinander mit Strahlen versorgen kann, ohne daß die Pipeline unterbrochen wird.

Bei den bisher vorgestellten Algorithmen wird jedes Objekt gegen jeden Strahl getestet. Für Szenen, die aus zahlreichen kleinen Objekten bestehen, können die Raumzerlegung oder die Clusterung, wie sie in Kap. 3.2 für sequentielle Verfahren angewendet werden, die Anzahl der benötigten Tests reduzieren. Die Erweiterung des obigen Algorithmus um eine solche Objektaufteilung besteht aus drei Phasen. Vorausgesetzt wird ein lineares Prozeßsystem, das von einem Hauptprozeß mit Information versorgt wird.

- Objektaufteilungsphase: Die Objekte werden zu p Clustern zusammengefaßt. Ein Cluster ist ein Körper, z.B. ein Quader einer Zelle des Gitterverfahrens oder die Quaderhülle der in dem Cluster zusammengefaßten Einzelobjekte. Das Ergebnis der Objektaufteilungsphase ist eine Menge von Superobjekten, die Anzahl der in ihm zusammengefaßten Einzelobjekte, sowie die Liste dieser Einzelobjekte.

Geschieht das Zusammenfassen von Objekten zu Clustern durch Schnitt mit fest gegebenen p Zellen, wie etwa beim Gitterverfahren, so kann diese Zuordnung mit der linearen Prozeßkette in

$$T_O(n, p) = O(n + p)$$

Zeit erfolgen. Diese Zellen werden zunächst den Prozessen zugeordnet und dann die Objekte über die Prozesse geschoben.

Dieses Verfahren kann iteriert werden, wenn es sich zeigt, daß die Clusterobjekte sehr unterschiedlich besetzt und insbesondere manche von ihnen leer sind. Die überfüllten Objekte werden dann durch Vorgabe von verfeinerten Zellen weiter unterteilt, mit dem Ziel, am Ende eine sowohl bzgl. Objektanzahlen in den Clusterobjekten als auch bzgl. der räumlichen Lokalität der Clusterobjekte günstige Aufteilung zu erreichen.

- Bündelungsphase: Die Strahlen werden in Bündel zu p Strahlen abgearbeitet. Für jedes Strahlenbündel werden die Clusterobjekte bestimmt, die von einem seiner Strahlen geschnitten werden. Das geschieht durch die lineare Prozeßkette, indem jeder Prozeß einen Strahl übernimmt. Die Clusterobjekte werden durchgeschoben, wobei die von einem Strahl getroffenen Objekte markiert werden.

Insgesamt sind $\lceil \frac{m}{p} \rceil$ Strahlenbündel abzuarbeiten. Das ergibt einen Gesamtzeitaufwand für die Bündelungsphase von

$$T_B(n, m, p) = \lceil \frac{m}{p} \rceil * 3p * O(1).$$

Dabei setzt sich der Aufwand pro Bündel aus der Initialisierung $(p * O(1))$ und dem Durchschieben der Objekte $(2p * O(1))$ zusammen.

- Anfragephase: Die in der Bündelungsphase herausgeschobenen Clusterobjekte werden vom Hauptprozeß übernommen und die als getroffen markierten in eine separate Liste eingefügt. Anschließend werden diese Clusterobjekte expandiert, d.h. die zu ihnen gehörenden Einzelobjekte werden durch die unveränderte Prozeßkette geschoben. Die Prozesse haben noch die Strahlen des aktuellen Bündels gespeichert. Beim Durchschieben wird für jeden Strahl wie beim Algorithmus aus Def. 5.2.1 ein erster Auftreffpunkt bestimmt. Schließlich wird die Trefferinformation aus der Prozeßkette herausgeschoben, wobei gleichzeitig das nächste Strahlenbündel übernommen wird.

Sei C_i, $i = 1, ..., \lceil \frac{m}{p} \rceil$, die Anzahl der für das i-te Bündel zu testenden Szenenobjekte. Der Aufwand für eine Anfragephase ist dann $C_i + p$, also für alle $\lceil \frac{m}{p} \rceil$ Phasen zusammen

$$T_A(n, m, p) = (\sum_{i=1}^{\lceil \frac{m}{p} \rceil} C_i + \lceil \frac{m}{p} \rceil p) * O(1).$$

Die Übergabe des Ergebnisses an den Hauptprozeß läuft Hand in Hand mit der Initialisierung der Bündelungsphase und wurde dort berücksichtigt.

5.2.2 Das Aufzählproblem und CSG-Szenen

Eine weitverbreitete Modellierungstechnik ist die "constructive solid geometry" (CSG) [Rq80],
bei der die Szene durch die Mengenoperationen ∪, ∩, - aus Grundkörpern wie Kugel, Quader,
Kegel zusammengesetzt wird, deren Lage im Raum durch Angabe einer Transformation festliegt.
Das Ergebnis ist ein Körper, wobei jedoch auch nichträumliche Teile auftreten können. Häufig
werden die nicht dreidimensionalen Punkte eliminiert, ein Vorgang, der auch als Normalisierung
bezeichnet wird.

Bei der Strahlverfolgung reduziert sich das Berechnen der Schnittpunkte mit einem CSG-Objekt
auf ein Problem über eindimensionalen Intervallen. Die Intervalle ergeben sich durch Schneiden des Strahls mit den Elementarobjekten. Auf diese Intervalle sind dann die Operationen
des CSG-Baums anzuwenden. Der CSG-Baum ist der Strukturbaum der CSG-Formel. Seine
Blätter sind mit den Objekten markiert, seine Knoten mit den Operanden. Als Zwischen-
ergebnis treten Intervallfolgen auf, die miteiander entsprechend der aktuellen Verknüpfung zu
kombinieren sind. Der CSG-Baum läßt sich von den Blättern her in naheliegender Weise parallel
abarbeiten. Der dabei mögliche Grad an Parallelismus hängt von der Struktur des CSG-Baums
ab. Es läßt sich sagen, daß besser ausgeglichene CSG-Bäume einen höheren Parallelitätsgrad
haben als unausgeglichene. Diese Abhängigkeit macht CSG-Bäume ungeeignet für Parallelver-
arbeitung. Ein weiterer Nachteil ist, daß die Größe der Zwischenergebnisse stark schwanken
kann und im Worst-Case einen hohen Kommunikationsaufwand zwischen Prozessen erfordert.
Dieses ist der wesentliche Nachteil der von Kedem und Ellis vorgeschlagenen Raytrace-Maschine
für CSG-Szenen [DD85]. Im folgenden wird ein alternativer Ansatz vorgestellt, bei dem nicht ein
CSG-Baum parallelisiert wird, sondern mehrere CSG-Bäume parallel, jeder jedoch sequentiell,
abgearbeitet werden. Jeder dieser CSG-Prozesse benötigt die Information über den gesamten
CSG-Baum, wobei der CSG-Baum jedoch auch für größere Szenen so kompakt gespeichert
werden kann, daß das Kopieren der CSG-Bäume auf die Einzelprozesse zulässig ist. Das verwendete Verfahren zur Auswertung eines CSG-Baums erfordert, daß die Ein/Austrittspunkte
des Strahls in die Elementarobjekte nach fallendem Abstand vom Anfangspunkt des Strahls
angeliefert werden. Der eigentlichen Schnittberechnung geht daher eine Phase voraus, in der
für jeden Strahl diese sortierte Folge aufgelistet wird.

Der Zeitaufwand für die Berechnung des ersten Schnittpunkts ist abhängig von der Anzahl der
beteiligten Ein/Austrittspunkte. Ber der parallelen Auswertung wäre es ungünstig, die Strahlen
mit vielen solchen Punkten vom gleichen CSG-Prozeß bearbeiten zu lassen. Vielmehr sollten die
Strahlen so auf die CSG-Prozesse verteilt werden, daß über die ganze Berechnung genommen
jeder CSG-Prozeß etwa gleichviel Ein/Austrittspunkte zu bearbeiten hat. Aus diesem Grund
geht der ganzen Berechnung eine Strahlsortierphase voraus, in der für jeden Strahl die Anzahl der geschnittenen Objekte bestimmt und die Strahlen nach dieser Anzahl sortiert werden.
Insgesamt besteht der CSG-Algorithmus also aus drei Phasen:

- Strahlsortierphase
- Schnittpunktausgabephase
- CSG-Phase.

Definition 5.2.4 Algorithmus Strahlsortieren

Dieser Algorithmus geht analog zum Strahlverfolgungsalgorithmus mit gespeicherten Objekten aus Def. 5.2.3. Anstatt des Minimums wird nun die Anzahl der Treffer mitgeführt. Das bedeutet, daß bei jedem getroffenen Objekt der Zähler um 1 erhöht wird. Am Ende wird vom Hauptprozeß ein Fachsortieren durchgeführt, der jeden Strahl entsprechend der gefundenen Trefferzahl an die richtige Liste anfügt.

Satz 5.2.4 Aufwand Strahlsortieren

Der Aufwand für die Strahlsortierphase, angewendet auf n Objekte und m Strahlen ist

$$S(P) = O(m + n), \quad S(P_i) = O(1),$$
$$T(m, n, p) = (n + p + m) * O(1).$$

Dabei ist p die Anzahl der Prozesse, für die $p \geq n$ vorausgesetzt wird.

Beweis: unmittelbar.

Die grundlegende Idee der Schnittaufzählphase ist es wiederum, die Strahlen durch eine Kette von Objektprozessen zu schieben. Mit jedem Strahl werden außer der Strahlinformation noch I Variablen mitgeführt, die zunächst als leer initialisiert sind. I ist die Anzahl der vom Strahl getroffenen Objekte, die aus der Strahlsortierphase bekannt ist. Die Variablen enthalten jeweils ein getroffenes Objekt sowie die Tiefe des Treffers, d.h. eine Größe proportional zum Abstand des Treffers vom Strahlanfangspunkt (z.B. den Parameter des Auftreffpunkts). Wird das einem Objektprozeß zugeordnete Objekt getroffen, so wird das Objekt sowie sein Abstand an der in fallender Sortierreihenfolge richtigen Stelle in die Variablenliste eingefügt. Das ist praktisch ohne Zusatzaufwand möglich. Dieses Verfahren liefert für jeden Strahl die Nummer der von ihm getroffenen Objekte und den Abstand des jeweiligen Treffers in fallender Reihenfolge, sequentiell angeordnet, in der Zeit $O(p + \sum_{i=1}^{m} I_i)$, I_i die Anzahl der Treffer des i-ten Strahls, $p \geq n$ die Anzahl der Prozesse.

Das obige Verfahren kann ohne Zwischenspeicherung des Ergebnisstroms nur einen CSG-Prozeß mit Eingabe versorgen. Es wird daher wie folgt modifiziert:

Definition 5.2.5 Algorithmus Schnittpunktaufzählung

Eingabe: n Objekte, m Strahlen, die Strahlen nach aufsteigender Schnittpunktanzahl sortiert. Diese Vorsortierung kann mit dem Algorithmus aus Def. 5.2.4 durchgeführt werden.

Ausgabe: c Ströme aus Trefferlisten von Strahlen. Die Trefferliste eines Strahls enthält die Koeffizienten des Strahls sowie die von ihm getroffenen Objekte mit Tiefenangabe, nach fallender Tiefe sortiert.

Kommunikationsstruktur:

p Objektprozesse P_i, $i = 1, ..., p$, $p \geq n$, p ein Vielfaches von c. Die Objektprozesse sind zyklisch verkettet. Der Prozeß P_1 wird von einem Hauptprozeß P versorgt. Die Prozesse P_i mit i ein Vielfaches von $\frac{p}{c}$ haben einen weiteren Ausgang zu einem CSG-Prozeß. An diesen Ausgängen werden die Trefferlisten ausgegeben. Vgl. Abb. 5.2.3.

wichtige Datenstrukturen:

Die Prozesse P_i verfügen über einen Puffer, der die Strahlenkoeffizienten bzw. die Trefferinformation (Tiefe,Objektnummer) vollständig aufnehmen kann. Ferner gibt es

- eine Variable für die Koeffizienten eines Objekts
- eine Variable für die Koeffizienten des aktuellen Strahls
- eine Variable zur Speicherung der Information über einen Treffer.

Ablauf:

Die Strahlen werden nach aufsteigender Trefferzahl abgearbeitet. Für jeden Strahl wird ein Strahlinformationspaket durch den P-Zyklus geschoben. Der Anfang und das Ende eines solchen Pakets sind markiert. Dazwischen werden die Koeffizienten des Strahls, gefolgt von so vielen Variablen, wie der Strahl Treffer hat, angelegt. Die Variablen werden auf leer initialisiert. Die Länge eines solchen Pakets ist also $I_j + 1$, gezählt in Pufferlängen der P-Prozesse. Zunächst wird eine Folge von Strahlinformationspaketen in den P-Zyklus hineingeschoben, nämlich die ersten r Strahlen, wobei $\sum_{j=1}^{r}(I_j + 1) \leq p$. Diese werden in den Puffern der P-Prozesse gespeichert. Es folgt ein vollständiges zyklisches Durchschieben durch den P-Zyklus. In diesen p Takten wird von einem P-Prozeß der aktuelle Strahl übernommen, der Schnittpunkt berechnet und, falls es einen gibt, bei Gelegenheit an der bzgl. seiner Tiefe richtigen Stelle im Strahlinformationspaket des aktuellen Strahls eingefügt. Dazu sind u.U. andere Werte zu verschieben. In einer letzten Phase werden die Trefferlisten ausgegeben. Das geschieht dadurch, daß die Prozesse mit einem CSG-Ausgang den Datenstrom ausleiten, wenn der Kopf eines Strahlinformationspakets ankommt. Am Ende des Strahlinformationspakets wird wieder auf den Ausgang im Zyklus umgeschaltet. Parallel zur Ausgabe wird die nächste Folge von Strahlen übernommen und in den P-Zyklus hineingeschoben.

Satz 5.2.5 Aufwand Schnittpunktaufzählung

Der Aufwand des Algorithmus für die Schnittpunktaufzählung für n Objekte und m Strahlen bei p Prozessen, $p \geq n$, ist

$$S(P) = O(m + n), \quad S(P_i) = O(1), \quad i = 1, ..., p$$

$$T(m, n, p) = O(\max\{\sum_{j=1}^{m} I_j, p\}),$$

wobei I_j die Anzahl der Treffer des j-ten Strahls ist.

Beweis: Dadurch, daß die Strahlen nach aufsteigender Trefferzahl abgearbeitet werden, ist garantiert, daß bis auf höchstens einen Durchgang eine Folge von Strahlen mit einer Gesamtlänge des Strahlinformationsbündels $\geq \frac{p}{2}$ abgearbeitet wird. Die Länge eines Strahlinformationsbündels ist proportional zur Anzahl der Treffer. Das Bearbeiten eines Bündels erfordert nicht mehr als $2p$ Takte. Damit ist für die oben erwähnten Strahlenbündel der Gesamtaufwand proportional zur Anzahl der Treffer. Die eine mögliche Ausnahme wird durch diese oder durch p dominiert. Das ergibt den angegebenen Zeitaufwand. Der Speicherverbrauch ist unmittelbar klar.

Beim sequentiellen Abarbeiten der Strahlen, wie es durch den obigen Algorithmus gemacht wird, ist der Aufwand bis auf einen konstanten Faktor optimal, falls die Gesamtzahl der Treffer mindestens p ist. Eine Beschleunigung kann wieder durch Vervielfachen des Prozeßsystems und Aufteilung der Strahlenmenge erreicht werden. Eine zwar im Worst-Case nicht wirksame, wohl aber bei Szenen mit realtiv ausgedehnten Objekten als auch bei Szenen mit relativ geringer Tiefe bzgl. der Objektanzahl nützliche Technik ist die Bündelung von Strahlen, analog zum Ende von Kap. 5.2.1. Die Bündelungsphase geht der Sortierphase voraus.

Die letzte Phase des Algorithmus ist die sequentielle CSG-Baumauswertung.

Definition 5.2.6 Algorithmus CSG-Baum-Auswertung

Eingabe: Eine Folge von Ein/Austrittspunkten eines Strahls bzgl. der Objekte einer CSG-Szene, sortiert nach fallender Tiefe.

Ausgabe: Der erste Auftreffpunkt des Strahls.

wichtige Datenstrukturen:

Ein CSG-Baum. Seine Knoten tragen die folgende Information:

- drei Verweise: ein Vaterverweis und zwei Sohnverweise
- eine Bitvariable B.

Die Blätter sind in einem ARRAY[1..n] abgelegt. Diese verweisen auf weitere Elemente, die ihren Vätern entsprechen, usw.. Von den Vätern erfolgen Verweise auf ihre Söhne. Es wird angenommen, daß der CSG-Baum binär ist und Differenzen nach De-Morgan in Komplemente umgewandelt wurden. Das bedeutet, daß der CSG-Baum nur Durchschnitts- und Vereinigungsoperatoren enthält. Die Blattelemente können auch komplementär auftreten.

Bei der Realisierung dieser Datenstruktur in einem linearen Speicher können Verweise eliminiert werden, z.B. durch benachbartes Abspeichern.

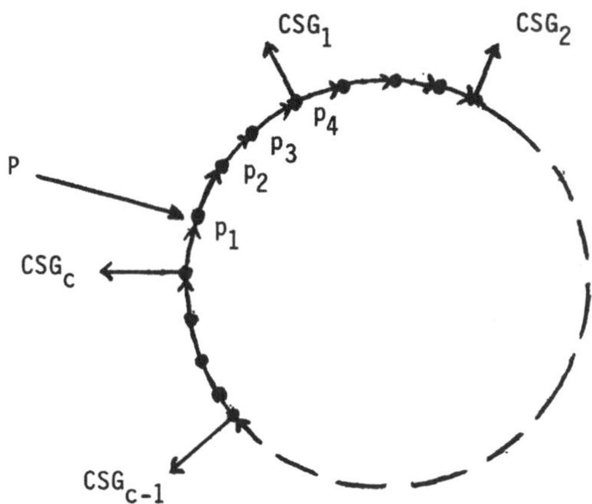

Abb. 5.2.3: P-Zyklus des CSG-Algorithmus

Ablauf:

Die Knoten im CSG-Baum entsprechen Teilobjekten. Ist B auf 1 gesetzt, befindet sich der Strahl in diesem Teilobjekt, andernfalls nicht. Zunächst werden die Blätter, die zu komplementären Elementarobjekten gehören, auf 1 gesetzt, die anderen auf 0, und diese Initialisierung entsprechend den Blattoperatoren ($\cap = \wedge$, $\cup = \vee$) auf die anderen Baumknoten weitergegeben. Da die Elementarobjekte als beschränkt angenommen werden, entspricht das der Situation auf dem Strahl außerhalb der Szenenhülle. Der Strahl wird nun von dort rückwärts zum Anfangspunkt durch Abarbeiten der Trefferliste bearbeitet. Die Elemente der Trefferliste geben ein Objekt an, dessen Oberfläche momentan geschnitten wird. Das Bit B dieses Objekts in der CSG-Baum-Datenstruktur wird invertiert und diese Änderung auf dem Pfad zur Wurzel fortgeschrieben. Dieses geht durch Folgen des Pfades dieses Objekts zur Wurzel des Baums und durch Ausführen der entsprechenden Operation an den gefundenen Knoten. Tritt eine Änderung des Wertes an der Wurzel ein, so bedeutet das, daß das Gesamtobjekt verlassen ($1 \rightarrow 0$) oder betreten ($0 \rightarrow 1$) wurde. Bei einer solchen Änderung wird der bisher aktuelle Treffer durch das nun gültige Listenelement ersetzt. Das zuletzt gültige Element beschreibt den ersten Treffer mit der Objektoberfläche des Gesamtobjekts.

Satz 5.2.6 Aufwand der CSG-Baumauswertung

Der Aufwand der Auswertung eines CSG-Baums für eine Trefferliste ist proportional zur Summe der Pfadlängen der getroffenen Objekte im CSG-Baum.

Beweis: unmittelbar.

5.2.3 Makroszenen

Der Makromechanismus erlaubt es, in sehr kompakter Form basierend auf wenigen Elementarszenen sehr umfangreiche Szenen zu spezifizieren. Wie in Kap. 3.3.5 gezeigt wurde, hat das zur Folge, daß der Zeitaufwand für die Bilderzeugung, gemessen relativ zur Größe der Eingabe, beträchtlich sein kann. Im folgenden wird ein paralleler Algorithmus zur Lösung des Strahlanfrageproblems auf Makroszenen angegeben, der mit wenigen Prozessen auskommt, d.h. mit einer Prozeßanzahl in der Größenordnung der Eingabeszenengröße. Das hat zwar nur einen relativ geringen Parallelisierungsgrad zu Folge, hat aber andererseits den Vorteil, daß die Anzahl der Prozessoren bei einer Implementierung mit einem Prozeß pro Prozessor in einer praktikablen Größenordnung bleibt. Der Algorithmus arbeitet dann relativ schnell, wenn die Elementarszenen etwas umfangreicher sind.

Definition 5.2.7 Algorithmus "Parallele Anfrage an Makroszenen"

Eingabe: Eine Makroszene aus n Makros, m Strahlen.
Ausgabe: Für jeden Strahl ein erstes getroffenes Objekt der Szene.

Kommunikationsstruktur:

h Makroszenenprozesse H_j, $j = 1, ..., h$, $h \in N$, zum Finden der von einem Strahl getroffenen Elementarszenen; eine lineare Prozeßkette P_j, $j = 1, ..., p$, $p \in N$, zum Sammeln der getroffenen Elementarszenen eines Bündels von Strahlen sowie zum Bestimmen des ersten getroffenen Elements; ein Hauptprozeß P, der die Prozesse H_j und die P-Kette mit Information versorgt, vgl. Abb. 5.2.4.

Ablauf:

Prozeß H_j, $j = 1, ..., h$:

Jeder der Prozesse H_j verfügt über die vollständige Makroszenendefinition, nur die Elementarszenen sind durch ihre Quaderhülle ersetzt. Mit jedem Makro, der seine Szene aus anderen Teilszenen zusammensetzt, ist ebenfalls die Quaderhülle seiner Szene verfügbar. Die Quaderhüllen werden verwendet, um die von einem Strahl möglicherweise getroffenen Blattszenen zu bestimmen. Das geschieht dadurch, daß der Hierarchiebaum der Szene nach der Tiefensuchestrategie durchlaufen wird. Dabei werden von H_j die Transformationsmatrizen längs des Pfades zum Blatt aufmultipliziert. Wird eine Blattszene getroffen, so wird die Nummer der entsprechenden Blattszene sowie die Ergebnismatrix an den Prozeß P_1 übergeben. Die Prozesse H_j arbeiten unabängig und werden von P durch Strahlen versorgt.

Prozeß P_i, $i = 1, ..., p$:

Die P-Kette hat zwei wesentliche Funktionen: das Sammeln von Elementarszenen für ein Strahlenbündel sowie das Berechnen der Schnittpunkte. Erstere wird in einer Pipeline von links nach rechts, die zweite durch eine Pipeline von rechts nach links erledigt. Der Hauptprozeß kann dazu Information sowohl von links als auch von rechts in die P-Kette hineinschieben oder in Empfang nehmen.

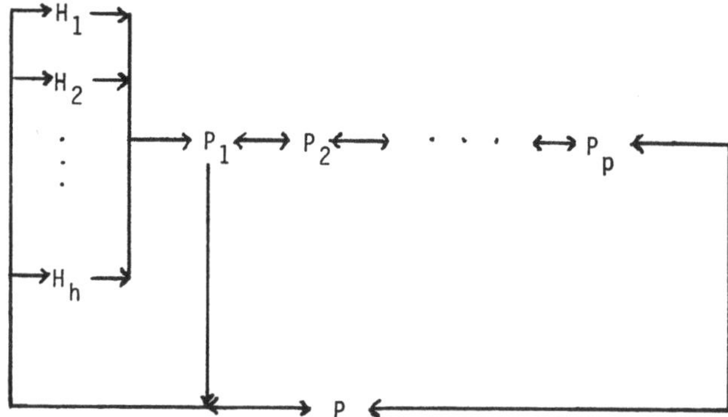

Abb. 5.2.4: Prozeßsystem für Makroszenen

In der ersten Funktion, dem Sammeln von Elementarszenen, speichert der Prozeß P_i eine Transformationsmatrix sowie eine Elementarszenennummer. Die von den Prozessen H_j gelieferten Paare aus Transformationsmatrix und Szenennummer werden durch die Prozeßkette geschoben, zuerst die Nummer, dann die Matrix. Dabei arbeitet P_i in zwei Phasen. In der ersten Phase vergleicht er seine Szenennummer mit der ankommenden Szenennummer. Bei Gleichheit werden in der zweiten Phase die Transformationsmatrizen verglichen. Sind diese ebenfalls gleich, wird die durchgeschobene Transformationsmatrix eliminiert. Hat P_i noch keine Szene gespeichert, so übernimmt er die ankommende Szene und Transformationsmatrix und eliminiert sie aus der durchgeschobenen Folge.

Die Strahlen, aufgrund von denen durch die H_j die in der P-Kette gespeicherten Elementarobjekte übernommen werden, werden von P von rechts her in die P-Kette hineingeschoben. Ein Strahl wird allerdings erst dann übernommen, wenn er vom Prozeß H_j vollständig abgearbeitet ist und wenn die Anzahl der bisher freien Prozesse, die in dem von beiden Seiten her sich verkleinernden Intervall liegen, größer als die von links her belegten Prozesse ist. Das garantiert, daß alle Elementarszenen, die noch in der Phase des Durchschiebens in der P-Kette sind, auch übernommen werden können. Die P-Kette versorgt P mit der entsprechenden Information. Ist dieses Kriterium verletzt, werden die Prozesse H_j abgebrochen. Die P-Kette führt ihre Berechnung, d.h. das Hineinschieben der Elementarszenen, so weit fort, wie freie Prozesse zur Verfügung stehen.

In der zweiten Funktion, dem Berechnen der Schnittpunkte, wird die Information über die in der P-Kette gespeicherten Elementarszenen nach links herausgeschoben. Eine solche Elementarszene wird beschrieben durch ihre Nummer sowie eine Transformationsmatrix. P ersetzt die Nummer durch die Elementarobjekte der Elementarszene und schiebt die Transformationsmatrix gefolgt von diesen Elementarobjekten von rechts her in die P-Kette. Bei der Verarbeitung dieses Eingabestroms durch ein P_i sind zwei Aktionen zu unterscheiden. Wird eine Transformation übernommen, so wird eine evtl. schon gespeicherte durch die neue ersetzt. Wird ein Elementarobjekt übernommen, so wird der Strahl unter Berücksichtigung der gespeicherten Transformation mit dem Objekt geschnitten. Im Falle eines näher als der gespeicherte Treffer liegenden Schnittpunkts wird das neue Objekt und die neue Abstandsinformation übernommen.

Nach Abarbeiten der Elementarszenen werden die gefundenen Treffer nach rechts aus der P-Kette herausgeschoben und von P übernommen. Anschließend nehmen die H_j ihre Arbeit wieder auf, indem sie von P mit noch nicht bearbeiteten Strahlen versorgt werden. Zu diesen gehören auch die Strahlen, die schon durch ein H_j bearbeitet wurden, deren Bearbeitung aber abgebrochen wurde. Diese werden vollständig neu durchgerechnet.

Zur Abschätzung der Anzahl der von der P-Kette durchgeführten Rechenschritte sei R_j, $j = 1, ..., k$, eine Aufteilung der Strahlen in maximale Bündel mit $|R_j| + E_j \leq p$, wobei E_j die Anzahl der von den Strahlen in R_j getroffenen Elementarszenen ist. Die P-Kette arbeitet die Strahlen in solchen Bündeln ab. Der Aufwand T_E für das Sammeln der Elementarszenen ist für ein solches Bündel beschränkt durch

$$T_E = 2 * E_j * O(1).$$

Sei e_j die Anzahl der im Bündel R_j zu testenden Elementarobjekte. Der Aufwand T_e für die Schnittpunktberechnung setzt sich zusammen aus dem für den Schnittest, d.h. $(e_j + |R_j|) * O(1)$, und dem für das Herausschieben der Ergebnisse, nämlich $|R_j| * O(1)$. Insgesamt ist das

$$T_e = (e_j + 2 * |R_j|) * O(1).$$

Für die Makroprozesse ist der Aufwand proportional zur Anzahl der getroffenen Makroquaderhüllen. Das System ist so angelegt, daß ein möglicherweise günstiges Verhalten dort der Gesamtleistung zugute kommt. Es kann daher lohnend sein, die Quaderhülle durch einen besseren Hüllentyp zu ersetzen.

5.2.4 Implementierungsbetrachtungen

Die Implementierungsmöglichkeiten reichen von der Realisierung als VLSI-Chips bis hin zu parallelen, durch ein Netzwerk verbundenen autonomen Einzelrechnern. Die oben vorgestellten Algorithmen folgen größtenteils dem systolischen Konzept von Kung [MC79]. Dieses spezielle Pipelining-Prinzip ist für VLSI-Implementierungen besonders geeignet, da der I/O-Aufwand, gezählt in der Anzahl der benötigten I/O-Ports, relativ zur Anzahl der durchgeführten Rechenoperationen gering ist. Die diskutierten Anfragealgorithmen bestehen aus einem oder mehreren linearen Prozeßketten, d.h. bei bitseriellem Abarbeiten des Datenstroms wird häufig nur ein Eingabe- und ein Ausgabeport benötigt. Damit sind die Algorithmen prinzipiell für eine VLSI-Implementierung geeignet.

Durch die einfache Prozeßstruktur ist die Abbildung auf verschiedene Parallelrechnerstrukturen leicht möglich. Das ist für programmierbare Parallelrechner interessant, bei denen die Topologie vorgegeben ist, die Prozessoren aber programmierbar sind. Typische Topologien sind Bäume und Gitter. Bei solchen Rechnern ist die Prozessoranzahl fest gegeben und damit häufig erheblich kleiner als die Prozeßanzahl. Damit sind mehrere Prozesse von einem Prozessor zu bearbeiten. Dieses vermindert die Leistungsfähigkeit eines parallelen Algorithmus, da das serielle Abarbeiten der Prozesse oft eine sehr ungünstige Lösung relativ zu einem optimierten sequentiellen Verfahren zur Lösung derselben Aufgabe darstellt. Bei den hier verwendeten linearen Prozeßketten ist es naheliegend, Teilketten auf einen Prozessor abzubilden. Eine Teilkette ist dann einfach durch einen guten sequentiellen Algorithmus zu ersetzen, der für eine Menge von Strahlen oder eine Menge von Objekten die ersten Auftreffpunkte zu bestimmen hat. Damit bleibt das Pipeline-Prinzip bestehen und die Einzelprozesse arbeiten effizient.

Literatur

Das Literaturverzeichnis ist thematisch gegliedert. Die Kapitelangaben beziehen sich auf die schwerpunktmäßige Behandlung des entsprechenden Themas. Die Zitate sind jedoch nicht an diese Kapitel gebunden.

Lehr- und Übersichtsbücher

[FD82] Foley, J.D., van Dam, A.: Fundamentals of Interactive Computer Graphics. Addison-Wesley Publ. Comp., Reading, Mass., 1982

[Fk85] Franke, H.W.: Computergraphik - Computerkunst. 2. Auflage, Springer-Verlag, Berlin, 1985

[HJ81] Hockney, R.W., Jesshope, C.R.: Parallel Computers, Hilger, 1981

[NS79] Newman, W.M., Sproull, R.F.: Principles of of Interactive Computer Graphics. MacGraw-Hill International Book Comp., 2nd ed., 1979

[MT85] Magnenat-Thalmann, N., Thalmann, D.: Computer Animation: Theory and Practice. Springer-Verlag, Berlin, 1985

[MC79] Mead, C., Conway, L.: Introduction to VLSI systems, Addison-Wesley Publ. Comp., Reading, Mass., 1979

[Mh84] Mehlhorn, K.: Data structures and algorithms, III, Springer-Verlag, Berlin, 1984

[Pa82] Pavlidis, T.: Algorithms for Graphics and Image Processing. Springer-Verlag, Berlin 1982

[PS85] Preparata, F., Shamos, M.I.: Computational geometry: an introduction, Springer-Verlag, New York, 1985

[Sc83] Schachter, B.J.: Computer Image Generation, Wiley & Sons, 1983

Geometrisches Modellieren (Kap. 2.1.1)

[AK80]   Albertz, J., Kreiling, W.: Photogrammetrisches Taschenbuch, Herbert Wichmann Verlag, Karlsruhe, 1980

[AG86]   Amburn, P., Grant, E., Whitted, T.: Managing geometric complexity with enhanced procedural models, CG 20 (1986) 189-195

[AK84]   Aono, M., Kunii, T.L.: Botanical Tree Image Generation, IEEE CG&Appl. (1984) 10

[BS79]   Badler, N.I., Smoliar, S.W.: Digital Representation of Human Movement, ACM Computing Surveys 11 (1979) 19

[Br84]   Barr, A.H.: Global and local deformations of solid primitives, CG 18 (1984) 21

[Bl85]   Bloomenthal, J.: Modeling the mighty maple, CG 19 (1985) 305-312

[BF85]   Böhm, W., Farin, G., Kahmann, J.: A survey on curve and surface methods in CAGD, CAGD 1 (1985) 1-60

[Bo85]   Boissonnat, J.D.: Geometric structures for 3D shape representation, ACM Trans. on Graphics 4 (1985) 266-286

[Bo86]   Boissonnat, J.D., Teillard, M.: A hierarchical representation of objects: the Delaunay tree, 2. ACM Symp. on Comput. Geom., 1986

[BW76]   Burtnyk, N., Wein, M.: Interactive skeleton techniques for enhancing motion dynamics in key frame animation, CACM 9 (1976) 564-569

[CS81]   Christiansen, H.N., Stephenson, M.B., Nay, B.J., Ervin, D.G., Hales, R.F.: Movie.BYU - 1981, Eurographics'81, North-Holland Publ. Comp., 1981

[DH85]   Demko, S., Hodges, L., Naylor, B.: Construction of fractal objects with iterated function systems, CG 19 (1985) 271-278

[DI85]   DIN 66301 - Rechnergestütztes Konstruieren: Format zum Austausch geometrischer Information

[EK84]   Enderle, G., Kansy, G., Pfaff, G.: Computer Graphics Programming, Springer-Verlag, Berlin, 1984

[FH85]   Farouki, R.T.: Hinds, J.K.: A hierarchy of geometric forms, IEEE CG&Appl. 5, May, 1985, 51-78

[FE78]   FEMGEN Users Reference Manual, IKO Software Service GmbH, Stuttgart, 1978

[FR86]   Fournier, A., Reeves, W.T.: A simple model of ocean waves, CG 20 (1986) 75-84

[FF82]   Fournier, A., Fussel, D., Carpenter, L.: Computer rendering of stochastic models, CACM 25 (1982) 61

[Fr85]   Franklin, W.R.: Computational geometry and Prolog, Nato ASI Series, Vol. F17, Fundamental algorithms of computer graphics, Springer-Verlag, 1985, 737-749

[Fd84]   Friedell, M.: Automatic image synthesis of graphical object descriptions, CG 18 (1984) 53

[Ga84]   Gardner, G.Y.: Simulation of natural scenes using textural quadric surfaces, CG 18 (1984) 11

[Ga86]   Gardner, G.Y.: Visual Simulation of clouds, CG 19 (1986) 297-304

[GM85]   Girard, M., Maciejewski, A.A.: Computational modeling for the computer animation of legged figures, CG 19 (1985) 263-270

[GW84]   Gonzalez, J.C., Williams, M.A.: Evaluation of the effectiveness of Prolog for a CAD application, IEEE CG&Appl. (1984) 67

[Ha82]   Hanrahan, P.M.: Creating Volume Models from edge-vertex graphs, CG 16 (1982) 77

[HW83]   Hayes-Roth, F., Waterman, D.A., Lenat, D.B.: Building Expert Systems, Addison-Wesley, London, 1983

[HS85]   Hundt, E., Schwierz, G.: Verfahren und Systeme der Computertomographie. Röntgen - Magnetische Resonanz - Ultraschall, Informatik-Spektrum 8 (1985) 273-282

[IG81]   IGES (Initial Graphics Exchange Specification), Y14.26M, American National Standards Institute (ANSI) New York, 1981

[Kn84]   Knowlton, K.: Computer-aided description, manipulation, and depiction of objects composed of spheres, CG 15(1) (1981) 48-71

[Li68]   Lindenmayer, A.: Mathematical models for cellular interactions in development, I, II, J. of Theoret. Biology 18 (1968) 280-315

[LP81]   Lozano-Perez, T.: Automatic planning of manipulator transfer movements, IEEE Trans. Syst. Man. Cybern., SMC-11 (1981) 681-689

[Mg82]   Maegher, D.: Geometric modeling using octtree encoding. Computer Graphics and Image Processing 19 (1982) 129-147

[Ma82]   Mandelbrot, B.B.: The fractal geometry of nature. Freeman, San Francisco, 1982

[MS82]   Mäntylä, M., Salonen, R.: GWB: A solid modeler with Euler Operators, IEEE CG&Appl. (1982) 17

[MW80]   Marshal, R., Wilson, R., Carlson, W.: Procedure models for generating 3d terrain,

CG 14 (1980) 154

[Mi86]   Miller, G.S.P.: The definition and rendering of terrain maps, CG 20 (1986) 39-48

[MF80]   Modestino, J.W., Fries, R.W., Vickers, A.L.: Stochastic image models generated by random tesselations of the plane, CG&Appl. 12 (1980) 74-98

[Na79]   Nagl, N.: Graphgrammatiken, Vieweg, Braunschweig, Wiesbaden, 1979

[No82]   Norton, A.: Generation and display of geometric fractals in 3-D, CG 16 (1982) 61-67

[Op86]   Oppenheimer, P.E.: Real time design and animation of fractal plants and trees, CG 20 (1986) 55-64

[Pe85]   Peachey, D. R.: Solid texturing of complex surfaces, CG 19 (1985) 279-286

[Pe86]   Peachey, D.R.: Modeling waves and surf, CG 20 (1986) 65-74

[Pl86]   Perlin, K.: An image synthesizer, CG 19 (1985)

[Re83]   Reeves, W.T.: Particle systems - a technique for modelling a class of fuzzy objects, CG 17 (1983) 359

[RB85]   Reeves, W.T., Blau, R.: Approximate and probabilistic algorithms for shading and rendering structured particle systems, CG 19 (1985) 313-322

[Rq80]   Requicha, A.F.G.: Representations of Rigid Solids, Theory, Methods, and Systems, ACM Computing Surveys 12 (1980) 437

[Rn82]   Reynolds, C.W.: Computer animation with scripts and actors, CG 16 (1982) 289

[SP86]   Sederberg, T.W., Parry, S.R.: Free form deformation of solid geometric models, CG 20 (1986) 151-160

[SS83]   Sequin, C.H., Strauss, P.S., UNIGRAPHIX, 20th IEEE Design Automation Conference, 1983, 374-381

[SG82]   Shelley, K.L., Greenberg, D.P.: Path specification and path coherence, CG 16 (1982) 157

[Sm84]   Smith, A.R.: Plants, Fractals, and formal languages, CG 18 (1984) 1

[SH85]   Sorgatz, H, Hochfeld, H.J.: Austausch produktdefinierender Daten im Anwendungsgebiet der Karosseriekonstruktion, Informatik-Spektrum 8 (1985) 305-311

[SK86]   Spur, G., Krause, F.-L.: CAD-Technik, Hanser-Verlag, München, Wien, 1986

[SB85]   Steketee, S.N., Badler, N.I.: Parametric keyframe interpolation incorporating kinetic adjustment and phrasing control, CG 19 (1985) 255

[Sw83]   Schweitzer, D.: Artifical texturing: an aid to surface visualization, CG 17 (1983) 23

[TS80]   Timmer, H.G., Stern, J.M.: Computation of global geometric porperties of solid objects, CAD 12 (1980) 301-304

[WG86]   Whitted, T., Grant, E.: Exploiting classes in modeling and display software, Graphics Interface '86

[Wi85]   Wilson, P.R.: Euler formulas and geometric modeling, IEEE CG&Appl. 5, August 1985, 24-36

Optisches Modellieren (Kap. 2.1.2)

[BN76]   Blinn, J.F., Newell, M.E.: Texture and Reflection in Computer Generated Images. CACM 19 (1976) 542 - 546

[Bl78]   Blinn, J.F.: Simulation of wrinkled surfaces. CG 12 (1978) 286-292

[Bl82]   Blinn, J.F.: Light reflection functions for simulation of clouds and density surfaces. CG 16 (1982) 21-29

[CG86]   Cohen, M.F., Greenberg, D.P., Immel, D.S., Brock, P.J.: An efficient radiosity approach for realistic image synthesis, IEEE CG&Appl. (1986) 26-35

[CG85]   Cohen, M.F., Greenberg, D.P.: The hemi-cube: a radiosity solution for complex environments, CG 19 (1985) 31-40

[CT82]   Cook, R.L., Torrance, K.E.: A Reflectance Model for Computer Graphics. ACM Transactions on Graphics 1 (1982) 7 - 24

[Co84]   Cook, R.L.: Shade trees, CG 18 (1984) 233

[GK77]   Gerthsen, C., Kneser, H.O., Vogel, H.: Physik, 13. Aufl., Springer-Verlag, Berlin, 1977

[Gl86]   Glassner, A.: Adaptive Precision in Texture Mapping, CG 20 (1986) 297-306

[Go86]   Goral, C.M., Torrance, K.E., Greenberg, D.P.: Modeling the interaction of light between diffuse surfaces. CG 18 (1984) 213-222

[IC86]   Immel, D.S., Cohen, M.F., Greenberg, D.P.: A radisosity model for non-diffuse environments, CG 20 (1986) 133-142

[Kj85]   Kajiya, J.T.: Anisotropic reflection models, CG 19 (1985) 15-22

[Ni84]   Nishita, T., Okamura, I., Nakamae, E.: Shading Models for Linear Sources. ACM
Transactions on Computers 4 (1984) 124-146

[Ni85]   Nishita, T., Nakamae, E.: Continuous tone representation of three-dimensional objects taking account of shadows and interreflection, CG 19 (1985) 23-30

[PC82]   Potmesil, M., Chakravarty, L.: Synthetic Image Generation with a Lens and Aperture
Camera Model, ACM Trans. on Comp. Graph. 1 (1982) 85 - 108

[Ph75]   Phong, B. T.: Illumination for Computer Generated Pictures. CACM 18 (1975)
311 - 317

[Sc85]   Schmitt, A.: Raytracer, Software, 1985

[vS56]   von Sanden, H: Darstellende Geometrie. B.G. Teubner Verlagsgesellschaft, 1956

[Wa83]   Warn, D.R.: Lighting Controls for synthetic images, CG 17 (1983) 13

Bilderzeugung ohne Strahlverfolgung (Kap. 2.2)

[AW85]   Abram, G., Westover, L., Whitted, T.: Efficient alias-free rendering using bit-masks
and look-up tables, CG 19 (1985) 53-60

[AW78]   Atherton, P., Weiler, K., Greenberg, D.: Polygon Shadow Generation, CG 12 (1978)
274-281

[At83]   Atherton, P.R.: A scan-line hidden surface removal procedure for constructive solid
geometry, CG 17 (1983) 73-82

[Bl83]   Bloomenthal, J.: Edge inference with application to antialiasing, CG 17 (1983) 163

[Cp84]   Carpenter, L.: The A-buffer, an antialiased hidden surface method, CG 19 (1984) 103

[Ct84]   Catmull, E.: An analytic visible surface processor for independent pixel processing,
CG 18 (1984) 109-115

[Cl76]   Clark, J.H.: Hierarchical geometric models for visible surface algorithms, CACM 19
(1976) 547

[Cr84]   Crocker, G.A.: Invisibility coherence for faster scan-line hidden surface algorithms,
CG 18 (1984) 95-102

[Cw77]   Crow, F.C.: The aliasing problem in computer generated images. CACM 20 (1977)
799-805

[Cw84]   Crow, F.C.: Summed-area tables for texture mapping, CG 18 (1984) 207

[Cw82]   Crow, F.C.: A more flexible image generation environment, CG 16 (1982) 9-17

[Da80]   Dallas, W.J.: Computer-Generated Holograms, in: The computer in optical research, Topics in Applied Physics, vol. 41, B.R. Frieder, ed., Springer-Verlag, Berlin, 1980

[DW85]   Dippé, A.A.Z., Wold, E.H.: Antialiasing through stochastic sampling, CG 19 (1985) 69-78

[Du79]   Duff, T.: Smoothly shaded renderings of polyhedral objects on raster graphics displays. CG 13 (1979) 270-275

[Em85]   L'Emergence de l'holographie, Sciences&Technique, 14 (1985) 16

[FK80]   Fuchs, H., Kedem, Z., Naylor, B.F.: On visible surface algorithms by a priority tree structure, CG 14 (1980) 124-133

[FA83]   Fuchs, H., Abram, G.D., Grant, E.D.: Near real-time shaded display of rigid objects, CG 17 (1983) 65-72

[Gr85]   Grant, C.W.: Integrated analytical spatial and temporal aliasing for polyhedra in 4-space, CG 19 (1985) 79

[Ha84]   Hariharan, P.: Optical Holography, Cambridge University Press, Cambridge, 1984

[He82]   Heckbert, P.: Color image quantization for frame buffer display, CG 16 (1982) 297

[HZ82]   Hubschmann, H., Zucker, S.W.: Frame-to-frame coherence and the hidden surface computation: constraints for a convex world, ACM Trans. on Graphics 1 (1982) 129-162

[KB83]   Korein, J., Badler, N.: Temporal anti-aliasing in computer generated images, CG 17 (1983) 377

[LE86]   Lemke, H.U., Engelhorn, H.: Work stations for computer-graphic display in medical imaging, Biomed. Technik 31 (1986) 143-149

[Mx84]   Max, N.L.: Atoms with transparency and shadows, Computer Vision, Graphics, and Image Processing 27 (1984) 46-63

[MQ85]   Morris, D.T., Quarendon, P.: An algorithm for direct display of CSG objects by spatial subdivision, NATO ASI Series, Vol. F17, Fundamental Algorithms of Computer Graphics, R.A. Earnshaw, ed., Springer-Verlag, Berlin, 1985

[MS85]   Müller, H., Schmitt, A., Abramowski, S.: Visible surface calculation for complex unstructured scenes, Computing 35 (1985) 231-246

[Nm84]   Nakamura, S.: Three-dimensional digital display of ultrasonograms.   IEEE

CG&Appl., May 1984, 36-45

[NR82]   Norton, A., Rockwood, A.P., Skolmoski, P.T.: Clamping: a method of antialiasing textured surfaces by bandwidth limiting in object space, CG 16 (1982) 1

[Nu85]   Nurmi, O.: A fast line-sweep algorithm for hidden line elimination, BIT 25 (1985) 466-482

[OK84]   Okino, H., Kakazu, Y., Morimoto, M.: Extended depth-buffer algorithms for hidden surface visualization, IEEE CG&Appl., May 1984, 79-88

[PF83]   Perlmutter, R.J., Friedland, S.S.: Computer Generated Holograms in Biology and Medicine, IEEE CG&Appl., Aug. 1983, 47

[Po83]   Potmesil, M.: Modelling motion blurr in computer generated images, CG 17 (1983) 389

[RG80]   Raster Graphics Handbook. Conrac Division 1980

[Rb81]   Reghbati, H.K.: An overview of data compression techniques, IEEE Computer, April 1981, 71

[St81]   Schmitt, A.: Time and space bounds for hidden line and visible surface algorithms, Proceedings EUROGRAPHICS'81, North-Holland Publ. Comp., 1981

[Su74]   Sutherland, I.E., Sproull, R.F., Schumaker, R.A.: A characterization of ten hidden surface algorithms, Comput. Surveys 6 (1974) 1-55

Strahlverfolgung (Kap. 2.2.2, 4)

[Am84]   Amanatides, J.: Ray-Tracing with Cones, Computer Graphics 18 (1984) 129-139

[At81]   Atherton, P.R.: A method of interactive visualization of CAD surface models on a color video display, CG 15 (1981) 279-287

[Br86]   Barr, A.H.: Ray tracing deformed surfaces, CG 20 (1986) 287-296

[Bv85]   Bouville, C.: Bounding ellipsoids for ray-fractal intersection, CG 19 (1985) 45-52

[Bv85]   Bouville, C., Brusq, R., Dubois, J.L., Marchal, I.: Generating high quality pictures by ray tracing. Computer Graphics Forum 4 (1985) 87-99

[CP84]   Cook, R. L., Porter, T., Carpenter, L.: Distributed Ray Tracing, Computer Graphics 18 (1984) 137-144

[DK85]   Dadoun, N., Kirkpatrick, D.G., Walsh, J.P.: The geometry of beam tracing. 1. Symposium on Computational Geometry, Baltimore, 1985, 55-61

[FI85]   Fujimoto, A., Iwata, K.: Accelerated ray tracing. Proceedings of Computer Graphics Tokyo'85, T.L. Kunii, ed., Springer-Verlag, Tokyo, 1985

[Gv86]   Gervautz, M.: Kugel- und Quaderumgebungen zur Optimierung des Ray-Tracing-Verfahrens für CSG-Bäume, Proc. AUSTROGRAPHICS'86, Oldenbourg-Verlag, München, Wien, 1986

[Gl84]   Glassner, A.S.: Space subdivision for fast ray tracing, IEEE CG & Appl. 4, October 1984, 15-22

[HH84]   Heckbert, P.S., Hanrahan, P.: Beam Tracing Polygonal Objects. Computer Graphics 18 (1984) 119-127

[JB86]   Joy, K.I., Bhetanabhotla, M.,N.: Ray tracing parametric surface patches utilizing numerical techniques and reay coherence, CG 20 (1986) 279-285

[KG79]   Kay, D.S., Greenberg, D.: Transparency for computer synthesized images. CG 13 (1979) 158-164

[KK86]   Kay, T.L., Kajiya, J.T.: Ray tracing complex scenes, CG 20 (1986) 269-278

[Kj84]   Kajiya, J.T., von Herzen, B.P.: Ray tracing Volume Densities. Computer Graphics 18 (1984) 165-174

[Kj83]   Kajiya, J.T.: New Techniques for Ray Tracing Procedurally Defined Objects. ACM Trans. on Graphics 2 (1983) 161-181

[LR86]   Lee, M.E., Redner, R.A., Uselton, S.P.: Statistically optimized sampling for distributed ray tracing, CG 19 (1986) 61-68

[Mu85]   Müller, H., Ernestus, W., Verhagen, B., Plastische Darstellung von Voxelszenen durch optische Simulation, Tagungsband 7. DAGM Konferenz, Springer-Verlag, 1985

[M86a]   Müller, H: Erzeugung realistisch wirkender Computergraphik aus komplexen Szenen durch Strahlverfolgung. Angewandte Informatik 4/86, 151-155

[M86b]   Müller, H., Image generation by space sweep, Computer Graphics Forum 5 (1986) 189-195

[M86c]   Müller, H., Hagen, H.: Beschleunigung der Bilderzeugung für Freiformflächen durch Speichereinsatz, Proceedings AUSTROGRAPHICS, 1986,

[Rh82]   Roth, S.D.: Ray casting for modeling solids, Computer Graphics and Image Processing 18 (1982) 109-144

[SA84]   Sederberg, T.W., Anderson, D.C: Ray tracing of Steiner patches, CG 18 (1984) 159-164

[SD85]   Speer, L.R., DeRose, T.D., Barsky, B.A.: A theoretical and empirical analysis of coherent ray tracing, Springer-Verlag, Tokyo, 1985

[SB86]   Sweeney, M.A.J., Bartels, R.H.: Ray tracing free-form B-Spline surfaces, IEEE CG&Appl., Feb. 1986, 41-49

[TK84]   Tamminen, M., Karonen, O., Mäntylä, M.: Ray-casting and block model conversion using a spatial index, CAD 16(4) (1984) 203-208

[To85]   Toth, D.L.: On Ray Tracing Parametric Surfaces. CG 19 (1985) 171-179

[WH84]   Weghorst, H., Hooper, G., Greenberg, D.P.: Improved computational methods for raytracing, ACM Trans. on Graphics 3 (1984) 52-69

[Wh80]   Whitted, T.: An Improved Illumination Model for Shaded Display. CACM 23 (1980) 343 - 349

[Wk84]   Wijk, J.J.: Ray Tracing Objects Defined by Sweeping Planar Cubic Splines. ACM Transactions on Graphics 3 (1984) 223-237

Bildmanipulation (Kap. 2.4)

[As65]   Ash, R.B.: Information Theory, New York, 1965

[Ap86]   Appelrath, H.J.: Optical disks, Informatik Spektrum 8 (1986) 337-338

[Cm86]   Campbell, G. et al.: Two bit/level full color encoding, CG 20 (1986) 215-223

[Ft84]   Fujitani, L.: Laser optical disc: the coming revolution in on-line storage, CACM 27 (1984) 546

[NH86]   Nakamae, E., Herada, K., Ishizaki, T.: A montage method: the overlaying of the computer generated images onto a background photograph, CG 20 (1986) 207-214

[SM84]   Schmidt-Lademann, F.-P., Müller, H.: Design1 - der Arbeitsplatz zur Bildmanipulation des PICTURE.KA-Systems zur Erzeugung pseudorealistischer Rasterbilder, MICROGRAPHICS, GI-Fachgespräch, 1984, 58-72

[Wh83]   Whitted, T.: Anti-Aliased Line Drawing Using Brush Extrusion, CG 17 (1983) 151-156

[We80]   Weimann, C.F.R.: Continuous anti-aliased rotation and zoom of raster images, CG 14 (1980) 286

Datenstrukturen (Kap. 3, 4)

[AM85] Abramowski, S., Müller, H.: 1-d queries in 3-d space, Bericht 11/85, Fak. für Informatik, Universität Karlsruhe, 1985

[At83] Atallah, M.J.: Dynamic computational geometry, IEEE FOCS, 1983

[BF79] Bentley, J.L., Friedman; J.H.: Data structures for range searching, Computing Surveys 11(1979) 397-409

[B79a] Bentley, J.L.: Decomposable searching problems, IPL 8(1979) 244-251

[BO81] Bentley, J.L., Ottmann, T.: The complexity of manipulating hierarchically defined sets of rectangles, Proc. 10th Symp. MFCS, 1981, 1-15

[Be84] Beretta, G.B.: An implementation of a plane sweep algorithm on a personal computer. ETH-Diss., 1984

[BE83] Bucher, W., Edelsbrunner, H.: On average- and worst case segment trees, Report, Graz, 1983

[Bu77] Burton, W.: Representation of many-sided polygons and polygonal lines for rapid processing. CACM 20 (1977) 166-171

[Ch83] Chazelle, B.: Filtering Search: A new approach to query answering, 24 IEEE FOCS, 1983, 122-132

[CG85] Chazelle, B., Guibas, L.J.: Visibility and intersection problems in plane geometry, 1. ACM Symp. on Comp. Geom., 1985

[Ch85] Chazelle, B.: Fast Searching in a real algebraic manifold with applications to geographic complexity, CAAP'85, 1985, 145-156

[CG83] Chazelle, B., Guibas, L.J., Lee, D.T.: The power of geometric duality, IEEE FOCS, 1983, 217

[DE83] Day, W.H.E., Edelsbrunner, H.: Efficient algorithms for agglomerative hierarchical clustering methods, IFIP Graz, F121, Juli 1983

[DE84] Dobkin, P.D., Edelsbrunner, H.: Space searching for intersecting objects, IEEE FOCS, 1984, 387-391

[EW83] Edelsbrunner, H., Welzl, E.: Halfplanar range search in linear space and $O(n^{0.695})$ query time, Research Report F111, IfIP, TU Graz, 1983

[FA86] Franklin, W.R., Akman, V.: Building an Octtree from a set of parallelepipeds, IEEE CG&Appl., 5 (1986) 58-64

[Fr81]   Fredman, M.L.: Lower bounds on the complexity of some optimal data structures, SIAM J. Comput. 10 (1981) 1-10

[FK85]   Fujimura, K., Kunii, T.L.: A hierarchical space indexing method, CG Tokyo (1985) 21-33

[GJ79]   Garey, M.R., Johnson, D.S: Computers and Intractability, Freeman and Comp., 1979

[Gu84]   Guttman, A.: R-trees: a dynamic index structure for spatial searching, SIGMOD, 1984, 47-57

[HW86]   Haussler, D., Welzl, E.: Epsilon-nets and simplex range queries, 2. ACM Symp. on Comput. Geom., 1986

[NH85]   Nievergelt, J., Hinterberger, H., Sevcik, K.C.: The Grid File: an adaptable, symmetric multidimensional file structure, ACM Trans. on Data Base Systems 9 (1985) 38-71

[LM84]   Lane, J., Magedson, B., Parick, M.: An efficient point in polyhedron algorithm, Computer Vision, Graphics, and Image Processing 26 (1984) 319-330

[Me85]   Meggido, N.: Partitioning with two lines in the plane, J. of Algorithms 6 (1985) 430-433

[OL81]   Overmars, M.H., van Leeuwen, J.: Worst-case optimal insertion and deletion methods for decomposable searching problems, IPL 12 (1981) 168-173

[ST85]   Samet, H., Tamminen, M.: Bintrees, CSG-trees, and time, CG 19 (1985) 121-130

[Sa84]   Samet, H.: The quadtree and related hierarchical data structures, ACM Computing Surveys, 16 (1984) 187

[Va85]   Vaidya, P.M.: Space-time tradeoffs for orthogonal range queries, ACM STOC, 1985, 169-174

[LW80]   van Leeuwen, J., Wood, D.: Dynamization of decomposable searching problems, IPL 10 (1980) 51-56

[Wi83]   Widmayer, P.: Compuational complexity in computer graphics and VLSI design, Dissertation, Karlsruhe, 1983

[Wl82]   Willard, D.E.: Polygon Retrieval, SIAM J. on Comput. 11 (1982)149-165

[Ya82]   Yao, A.C.: Space-time tradeoff for answering range queries, ACM STOC 1982, 128-135

[Ya85]   Yao, A.C., Yao, F.F.: A general approach to d-dimensional geometric queries, ACM STOC 1985, 163-168

Parallelität und Hardware (Kap. 5)

[BW81]   Bowyer, A., Willis, P.J., Woodwark, J.R.: A multiprocessor architecture for solving spatial problems, Computer Journal 24 (1981) 265-278

[Br84]   Brusq, R.: Synthese d'image par lancer de rayon (ray-tracing): la machine CRISTAL - resulats et perspectives, Deuxieme colloque image, Nice, 1984,

[Ch84]   Chazelle, B.: Computational Geometry on a systolic chip, IEEE Trans. on Computers C-33 (1984) 774-785

[CW86]   Cleary, J.G., Wyvill, B.M., Birtwistle, G.M., Vatti, R.: Multiprocessor ray tracing, Computer Graphics Forum 5 (1986) 3-12

[DD85]   Dew, P.M., Dodsworth, J., Morris, D.T.: Systolic array architecture for high performance CAD/CAM Workstations, NATO ASI Series, Vol. F17, Fundamental Algorithms of Computer Graphics, Springer-Verlag, Berlin, 1985, 659-694

[DS84]   Dippé, M., Swensen, J.: An adaptive subdivision algorithm and parallel architecture for realistic image synthesis, CG 18 (1984) 149

[Fe85]   Fengler, H.G., Geers, N., Hanauer, K.F., Weber, P.: Cyber 205 Benutzerhandbuch, Universität Karlsruhe, Rechenzentrum, 1985

[FF84]   Fiume, E., Fournier, A., Rudolph, L.: A parallel scan conversion algorithm with anti-aliasing for a general-purpose ultra computer, CG 17 (1984) 141

[FG85]   Fuchs,H., Goldfeather, J., Hultquist, J.P., Spach, S., Austin, J.D., Brooks, F.P., Jr., Eyles, J.G.:, Poulton, J.: Fast spheres, shadows, textures, transparencies and image enhancements in pixel-planes, CG 19 (1985) 111-120

[GL85]   Garcia-Molina, H., Lipton, R.J., Valdes, J.: ESP: An architecture for a massive memory machine, Proc. of the 18th Annual Hawaii International Conference on System Sciences, 1985

[GH86]   Goldfeather, J., Hultquist, J.P.M., Fuchs, H.: Fast Constructive-Solid Geometry Display in the Pixel-Powers Graphics System, CG 20 (1986) 107-116

[Ga86]   Goldapp, M.: Fast scan-conversion using vectorization, Parallel Computing 3 (1986) 141-152

[IN85]   INMOS Ltd., Bristol, GB: Transputer, 1985

[Ja85]   Jackel, D.: The graphics Parcum system: a 3D memory based computer architecture for processing and display of solid models, Computer Graphics Forum 4 (1985) 21-32

[KG79]   Kaplan, M., Greenberg, D.P.: Parallel processing techniques for hidden surface removal, CG 13 (1979) 300

[MC86]   Müller, H., Christmann, A.: Erzeugung realisitisch wirkender Computergraphik auf vektoriellen Supercomputern, it-Informationstechnik 5, 1986, 275-280

[NK83]   Nishimura, H., Kawata, T., Shirakama, I., Omura, K.: LINKS-1: a parallel pipelined multimicrocomputer system for image generation, SIGARCH Newsletter 11(3) 1983

[Ni84]   Niimi, H. et al.: A parallel processor system for three-dimensional color graphics, CG 18 (1984) 67

[Pa80]   Parke, F.: Simulation and expected performance analysis of multiple processor z-buffer systems, CG 14 (1980), 48-56

[Pi85]   Piller, E.: A general-purpose multi-microprocessor raster graphics display system with anitaliasing, CG Forum 4 (1985) 33-41

[PB85]   Plankett, D.J., Balley, M.J.: The vectorization of a ray-tracing algorithm for improved execution speed, IEEE CG&Appl., August 1985, 52-60

[RK81]   Roman, G.-C., Kimura, T.: VLSI perspective of real-time hidden-surface elimination, CAD 13, March, 1981, 99-107

[SI85]   Sato, H., Ishii, M., Sato, K., Ikesaka, M., Ishihata, H., Kakimoto, M., Hirota, K., Inoue, K.: Fast image generation of constructive solid geometry using a cellular array processor, CG 19 (1985) 95-102

[ST86]   Swanson, R.W., Thayer, L.J.: A fast shaded polygon renderer, CG 20 (1986) 95-101

[Th83]   Thomas, A.L.: Geometric modelling and display primitives towards specialized hardware, CG 17 (1983) 289

[We81]   Weinberg, R.: Parallel processing image synthesis and anti-aliasing, CG 15 (1981) 55

[Wt85]   WTE 7100 PC Solids Modeling Engine, Preliminary Data, Weitek Corporation, October 1985